Pasternak · Defi

P V E R
V A L A
E R N G
L A G O

Boris Pasternak

Definition der Poesie

aus dem Russischen übertragen
von Christine Fischer

mit einem Nachwort
von Ulrich Schmid

P V E R
V A L A
E R N G
L A G O

Pano Verlag Zürich

Die russischen Originaltexte finden sich in:
Boris Pasternak: *Stichotvorenija i poėmy v dvuch tomach*,
Leningrad 1990, Sovetskij pisatel'.

Porträt von Boris Pasternak auf dem Umschlag nach einer
Kohlenzeichnung von Leonid Pasternak in: Guy de Mallac:
Boris Pasternak. His Life and Art. Norman, 1981.

Die Deutsche Bibliothek – Bibliografische
Einheitsaufnahme
Die Deutsche Bibliothek verzeichnet diese Publikation in
der Deutschen Nationalbibliografie; detaillierte bibliografische Daten sind im Internet über
http://dnb.ddb.de abrufbar.

ISBN: 978-3-907576-91-5

Umschlaggestaltung:
Simone Ackermann, Zeljko Gataric, Zürich
Druck: ROSCH-BUCH, Scheßlitz

© 2007 Pano Verlag Zürich
www.pano.ch

Inhaltsverzeichnis

Сестра моя – жизнь (лето 1917 года)
Meine Schwester – das Leben (Sommer 1917)

Темы и вариации · Themen und Variationen

Второе рождение · Zweite Geburt

На ранних поездах · In den Frühzügen

Vorbemerkung

Als Stern in durchnässten, bebenden Händen und als Kelch voll Wermut zugleich beschreibt Boris Pasternak (1890–1960) die Dichtung, wie sie sich im Augenblick des Inspirationserlebnisses offenbart. Die Bestimmung der Lyrik ist für ihn aber niemals Selbstzweck, sondern immer mit der Bestimmung der menschlichen Seele untrennbar verbunden. Dies zeigt sich vor allem im Zyklus *Meine Schwester – das Leben*, mit dem Pasternak 1917 berühmt wurde.

Bereits die vom Symbolismus geprägte *Anfangszeit* indessen legt, verstechnisch noch vergleichsweise konventionell, Zeugnis ab von Pasternaks Verständnis des Klangs als Naturlaut, der – wie das Leben selbst – auch Dissonanzen einzuschließen vermag. Seine alsbald einsetzende, wie ein virtuoses Spiel mit dem sprachlichen Material anmutende Experimentierfreude erreicht im musikalischen Kompositionsschema von *Themen und Variationen* ihren Höhepunkt. Wenig später, in *Zweite Geburt* und *In den Frühzügen*, kündigt sich der Wandel zur größeren Schlichtheit und Klarheit des Spätwerks an.

Der vorliegende Band bietet eine Auswahl von ca. 40 Gedichten, die den bis zum Zweiten Weltkrieg entstandenen Zyklen entnommen sind. Einige Texte erscheinen hier erstmals in deutscher Übersetzung.

Altdorf und Jena, im Oktober 2006
Christine Fischer

Начальная пора

Anfangszeit

Февраль. Достать чернил и плакать!
Писать о феврале навзрыд,
Пока грохочущая слякоть
Весною черною горит.

Достать пролетку. За шесть гривен,
Чрез благовест, чрез клик колес
Перенестись туда, где ливень
Еще шумней чернил и слез.

Где, как обугленные груши,
С деревьев тысячи грачей
Сорвутся в лужи и обрушат
Сухую грусть на дно очей.

Под ней проталины чернеют,
И ветер криками изрыт,
И чем случайней, тем вернее
Слагаются стихи навзрыд.

1912

Im Februar gilt: Tinte weinen
Und lauthals schreiben, ungehemmt,
Solang der Schneematsch grollt und schäumend
Als rabenschwarzer Frühling brennt.

Die Kutsche: ein paar Münzen geben,
Durch Glockenton und Räderruf
Dorthin enteilen, wo im Regen
Verstummt die Tintentränenflut.

Wo Krähen, Birnen gleich und Kohlen,
Von Bäumen stürzen und als Schwall
In Pfützen landen; ganz verstohlen
Versinkt im Auge trockne Qual.

Sie schwärzt die aufgetauten Stellen,
Von Schreien ist der Wind durchkämmt,
Aus Zufall nur, doch stetig quellen
Gedichte – lauthals, ungehemmt.

1912

Как бронзовой золой жаровень,
Жуками сыплет сонный сад.
Со мной, с моей свечою вровень
Миры расцветшие висят.

И, как в неслыханную веру,
Я в эту ночь перехожу,
Где тополь обветшало-серый
Завесил лунную межу,

Где пруд как явленная тайна,
Где шепчет яблони прибой,
Где сад висит постройкой свайной
И держит небо пред собой.

1912

Es streut, wie Bronzestaub die Schwärze,
Der Garten Käfer aus im Traum.
Schon hängen dort mit mir und Kerze
Die Welten aufgeblüht im Baum.

Wie in noch unerhörten Glauben
Geh ich hinüber in die Nacht,
Zur grauen Pappel, deren Haube
Den Mondessaum kaum sichtbar macht,

Zum Teich, sich heimlich offenbarend,
Zum Apfelhain, dem leisen Meer,
Zum pfahlgestützt erbauten Garten:
Er trägt den Himmel vor sich her.

1912

Сегодня мы исполним грусть его –
Так, верно, встречи обо мне сказали,
Таков был лавок сумрак. Таково
Окно с мечтой смятенною азалий.

Таков подъезд был. Таковы друзья.
Таков был номер дома рокового,
Когда внизу сошлись печаль и я,
Участники похода такового.

Образовался странный авангард.
В тылу шла жизнь. Дворы тонули в скверне.
Весну за взлом судили. Шли к вечерне,
И паперти косил повальный март.

И отрасли, одна другой доходней,
Вздымали крыши. И росли дома,
И опускали перед нами сходни.

1911/1928

Heut wird das Leid erfüllt, an dem er krankt –
So hatten Treffen es mir ausersehen.
So sank die Dämmerung auf jede Bank,
So träumte ich: ein Fenster, Azaleen …

So war die Auffahrt meiner Freunde hier,
So waren dieses einen Hauses Namen,
Wo unten sich die Trauer traf mit mir;
So war der Marsch, aus dem wir wiederkamen.

Die Avantgarde versuchte dies und das;
Im Müll der Höfe ging dahin das Leben,
Dem Frühling wurde alle Schuld gegeben:
Zur Abendandacht schnitt der März das Gras.

Welch reichen Nutzen brachten uns die Zweige:
Sie ließen Dächer wachsen, die so tief
Wie Brücken sich zu unsern Füßen neigten.

1911/1928

Сон

Мне снилась осень в полусвете стекол,
Друзья и ты в их шутовской гурьбе,
И, как с небес добывший крови сокол,
Спускалось сердце на руку к тебе.

Но время шло и старилось и глохло,
И, паволокой рамы серебря,
Заря из сада обдавала стекла
Кровавыми слезами сентября.

Но время шло и старилось. И рыхлый,
Как лед, трещал и таял кресел шелк.
Вдруг, громкая, запнулась ты и стихла,
И сон, как отзвук колокола, смолк.

Я пробудился. Был, как осень, темен
Рассвет, и ветер, удаляясь, нес,
Как за возом бегущий дождь соломин,
Гряду бегущих по небу берез.

1913/1928

Traum

Vom Herbst im matten Fenster träumt' ich heute,
Von Freunden und von dir, von Lärm und Scherz,
Und wie der Falke fällt zur sichern Beute,
So sank zu deinen Händen hin mein Herz.

Die Zeit verging; sie alterte, ertaubte,
Der Rahmen glänzte in der Abendglut;
Sie kam vom Garten her, dem halb entlaubten,
Das Glas zu netzen mit Septemberblut.

Die Zeit verging; sie alterte. Es taute
Des Sessels Seide knisternd, wie aus Eis.
Du wurdest still … es starben hin die Laute …
Des Traumes Glockenton verhallte leis.

Ich wachte auf. Doch wie der Herbst war dunkel
Das Morgenlicht. Und ferne trug der Wind,
Wie gelbe Halme, die an Fuhren funkeln,
Die Schar der Birken bis zum Himmel hin.

1913/1928

Венеция

Я был разбужен спозаранку
Щелчком оконного стекла.
Размокшей каменной баранкой
В воде Венеция плыла.

Всё было тихо, и, однако,
Во сне я слышал крик, и он
Подобьем смолкнувшего знака
Еще тревожил небосклон.

Он вис трезубцем Скорпиона
Над гладью стихших мандолин
И женщиною оскорбленной,
Быть может, издан был вдали.

Теперь он стих и черной вилкой
Торчал по черенок во мгле.
Большой канал с косой ухмылкой
Оглядывался, как беглец.

Туда, голодные, противясь,
Шли волны, шлендая с тоски,
И гондолы рубили привязь,
Точа о пристань тесаки.

Вдали за лодочной стоянкой
В остатках сна рождалась явь.
Венеция венецианкой
Бросалась с набережных вплавь.

1913/1928

Venedig

Mich weckte, als der Morgen graute,
Ein Schnippchen aus dem Fensterglas.
Ich sah Venedigs stolze Bauten
Im Wasser aufgelöst und nass.

Welch Stille! Doch im Traum bezwungen
War ich von einem Schrei – denn er
Glich einem Zeichen, das verklungen:
Der Himmel ängstigte sich sehr.

Als Sternbild Skorpion, mit Zacken,
Bei Mandolinen, längst verstummt,
Entfloh der Schrei, von ferne klagend,
Wahrscheinlich einem Frauenmund.

Es wurde still. Als schwarze Gabel
Erwuchs in tiefer Nacht ein Pfahl,
Und wie ein Flüchtling sah sich zaghaft,
Schief grinsend um der Prachtkanal.

Aus Hunger strömten widerstrebend
Und ziellos Wellen hin und her.
Die Gondeln schärften, stetig sägend,
Am Tau ihr seitliches Gewehr.

Sehr fern dem Ort, wo Boote baden,
Durchdrang das Licht den Rest des Traums:
Venedig stürzte vom Gestade
Venezianisch in den Schaum.

1913/1928

Пиры

Пью горечь тубероз, небес осенних горечь
И в них твоих измен горящую струю.
Пью горечь вечеров, ночей и людных сборищ,
Рыдающей строфы сырую горечь пью.

Исчадья мастерских, мы трезвости не терпим.
Надежному куску объявлена вражда.
Тревожный ветр ночей – тех здравиц виночерпьем,
Которым, может быть, не сбыться никогда.

Наследственность и смерть – застольцы наших трапез.
И тихою зарей – верхи дерев горят –
В сухарнице, как мышь, копается анапест,
И Золушка, спеша, меняет свой наряд.

Полы подметены, на скатерти – ни крошки,
Как детский поцелуй, спокойно дышит стих,
И Золушка бежит – во дни удач на дрожках,
А сдан последний грош – и на своих двоих.

1913/1928

Feste

Den Tuberosenkelch trink ich, des Herbstes Bläue,
Ich trink Verlassensein, den Strahl aus heißem Erz,
Den Kelch aus Abend, Nacht, Begegnung stets aufs Neue,
Den Kelch der Strophenflut trink ich, den bittern Schmerz.

Du Kunst, du leerer Dunst – wir sind dem Trunk ergeben,
Und Krieg erklären wir der sichern Nüchternheit.
Uns schenkt der Nachtwind ein, den Träume wirr beleben,
Doch leider werden sie nur selten Wirklichkeit.

Das Erbe und den Tod seh ich mit uns sich laben,
Schon trifft das erste Licht die Wipfel, es wird Zeit:
Im Zwieback hat sich tief der Anapäst vergraben,
Und Aschenputtel tauscht unmerklich fast ihr Kleid.

Die Böden sind gefegt, kein Krümel lässt sich blicken,
Es atmet rein der Vers, gleich einem Kinderkuss,
Und Aschenputtel läuft zur Kutsche – wird es glücken?
Bleibt ihr kein Groschen mehr, so geht sie heim zu Fuß.

1913/1928

Встав из грохочущего ромба
Передрассветных площадей,
Напев мой опечатан пломбой
Неизбываемых дождей.

Под ясным небом не ищите
Меня в толпе сухих коллег.
Я смок до нитки от наитий,
И север с детства мой ночлег.

Он весь во мгле и весь – подобье
Стихами отягченных губ,
С порога смотрит исподлобья,
Как ночь, на объясненья скуп.

Мне страшно этого субъекта,
Но одному ему вдогад,
Зачем, ненареченный некто, –
Я где-то взят им напрокат.

1913/1928

Erstanden im Geräusch der Rhomben,
Der Plätze vor dem Morgenlicht,
Verharrt mein Lied, versteckt in Plomben
Aus Regenfluten, dicht an dicht.

Wenns aufklart, bin ich nicht zu sehen
Bei allen, die vertrocknet sind.
Denn mich durchnässten die Ideen:
Im Norden schlief ich schon als Kind.

Er liegt im Dunkel, gänzlich gleichend
Dem Mund, den ein Gedicht beschwert,
Er blickt von Schwellen trüb und schweigend,
Ist wie die Nacht, die nichts erklärt.

Und dies Subjekt, das Ängste weckte,
Und einzig ihren Grund erahnt,
Der Namenlose, Unentdeckte –
Er lieh mich irgendwo als Pfand.

1913/1928

Зимняя ночь

Не поправить дня усильями светилен.
Не поднять теням крещенских покрывал.
На земле зима, и дым огней бессилен
Распрямить дома, полегшие вповал.

Булки фонарей и пышки крыш, и черным
По белу в снегу – косяк особняка:
Это – барский дом, и я в нем гувернером.
Я один, я спать услал ученика.

Никого не ждут. Но – наглухо портьеру.
Тротуар в буграх, крыльцо заметено.
Память, не ершись! Срастись со мной! Уверуй
И уверь меня, что я с тобой – одно.

Снова ты о ней? Но я не тем взволнован.
Кто открыл ей сроки, кто навел на след?
Тот удар – исток всего. До остального,
Милостью ее, теперь мне дела нет.

Тротуар в буграх. Меж снеговых развилин
Вмерзшие бутылки голых, черных льдин.
Булки фонарей, и на трубе, как филин,
Потонувший в перьях нелюдимый дым.

1913/1928

Winternacht

Nicht von Sternen kann der Tag gerettet werden,
Und der Schatten hebt Dreikönigsschleier nicht;
Kraftlos weht der Rauch, denn Winter herrscht auf Erden,
Häuser kauern sich zusammen, dicht an dicht.

Die Laternen sind wie Backwerk, auch die Dächer;
Schwarz ragt aus dem Schnee nur dieses Haus empor;
Ich bin Herr darin, bewohne die Gemächer
Ganz allein – ich ließ den Schüler heim zuvor.

Kein Besuch kommt jetzt: geschlossen die Portiere,
Holprig das Trottoir, die Treppe zugeschneit.
Still, Erinnerung! Verschmilz mit mir, belehre
Und bekehre mich: Wir beide sind vereint.

Nur von ihr sprichst du? Das soll mich nicht verletzen …
Wer hat zeitig sie auf meine Spur gebracht?
Der Impuls schlug ein, doch an die Überreste
Hab ich, ihr sei Dank, bis heute nicht gedacht.

Holprig das Trottoir, mit weiß verzweigten Pfaden,
Starren Flaschen gleicht das nackte, schwarze Eis.
Backwerk leuchtet hell, und käuzchenhafte Schwaden
Stecken scheu die Köpfe in ihr Federkleid.

1913/1928

Надпись на книге Петрарки

За тусклый колер позумента,
За пыльный золотообрез
Простите – это масть небес
Полуистлевшего треченто.

В дни ангела, гостей и сьест,
Склонясь на подоконник жаркий,
В пыли найдете Вы Петрарку,
И все забудется окрест …

И как зарнице не зардеться
Над вечным вечером канцон,
Как рдел нагорный небосклон
Его родимого Ареццо!

1914

Inschrift im Buch von Petrarca

Gedunkelt sind die Fundamente,
Und Staub umhüllt den Goldbesatz;
Verzeiht: Das Himmelszelt verblasst;
Schon halb verglüht ist das Trecento.

Ein Feiertag, Siesta-Zeit:
Gebeugt auf weiße Fensterbretter,
Seht ihr im Staub Petrarcas Blätter –
Die Welt sinkt in Vergessenheit.

Und Wetterleuchten fällt von Westen
In ewige Kanzonennacht,
Wie einst des Himmels Purpurpracht
Auf seine Heimatstadt Arezzo.

1914

Поверх барьеров

Über den Barrieren

Зимнее небо

Цельною льдиной из дымности вынут
Ставший с неделю звездный поток.
Клуб конькобежцев вверху опрокинут:
Чокается со звонкою ночью каток.

Реже-реже-ре-же ступай, конькобежец,
В беге ссекая шаг свысока.
На повороте созвездьем врежется
В небо Норвегии скрежет конька.

Воздух окован мерзлым железом.
О конькобежцы! Там – всё равно,
Что, как глаза со змеиным разрезом,
Ночь на земле, и как кость домино;

Что, языком обомлевшей легавой
Месяц к скобе примерзает; что рты,
Как у фальшивомонетчиков, – лавой
Дух захватившего льда налиты.

1915

Winterhimmel

Eisschollen ähnlich, dem Nebel entrissen,
Sind die Gestirne zum Stillstand gebracht;
Während die Läufer kopfstehen müssen,
Trinkt mit der Eisbahn die klangvolle Nacht.

Langsam, lauf langsamer im Getümmel:
Aus der Bewegung geschnittener Schritt.
Knirschende Kufe – in Norwegens Himmel,
Dicht an der Krümmung, als Sternbild geritzt.

Lüfte, in eisernem Eise gefangen!
Läufer! Dort muss alles gleichgültig sein!
Auch, dass die Nacht kommt mit Augen wie Schlangen,
Auch diese Nacht, dieser Dominostein;

Dass, wie die Zunge bewusstloser Hunde,
Frostig der Mond sich zur Klammer verbiegt,
Dass, wie bei Falschmünzern, stetig im Munde
Lava gefriert und den Atem besiegt.

1915

Душа

О вольноотпущенница, если вспомнится,
О, если забудется, пленница лет.
По мнению многих, душа и паломница,
По-моему, – тень без особых примет.

О, – в камне стиха, даже если ты канула,
Утопленница, даже если – в пыли,
Ты бьешься, как билась княжна Тараканова,
Когда февралем залило равелин.

О, внедренная! Хлопоча об амнистии,
Кляня времена, как клянут сторожей,
Стучатся опавшие годы, как листья,
В садовую изгородь календарей.

1915

Seele

Du Freigelassne in der Erinnerung,
Doch in der Vergessenheit – Häftling der Zeit!
Die meisten betrachten die Seele als Pilgerin;
Ich seh sie als Schatten, der farblos verbleicht.

Versunkne, in steinernen Versen begräbt man dich,
Ertrunkne, von Staub bist du gänzlich umhüllt;
Wie früher Komtess Tarakanowa schlägst du dich,
Wenn Februar am Ravelin überquillt!

Du Einprägsame! Du pochst allzu flehentlich,
Beschwörst selbst die Zeit, wie man Wächter beschwört;
Gefallene Jahre: wie Herbstblätter wehen sie
Ans Strauchwerk der vielen Kalender verstört.

1915

Раскованный голос

В шалящую полночью площадь,
В сплошавшую белую бездну
Незримому ими – «Извозчик!»
Низринуть с подъезда. С подъезда

Столкнуть в воспаленную полночь,
И слышать сквозь темные спаи
Ее поцелуев – «На помощь!»
Мой голос зовет, утопая.

И видеть, как в единоборстве
С метелью, с лютейшей из лютен,
Он – этот мой голос – на черствой
Узде выплывает из мути …

1915

Die entfesselte Stimme

Zum Stadtplatz, ins Mitternachtsdunkel,
Zum Abgrund, so schneeweiß, so schlampig …
Ihm droht – dem nicht Sichtbaren – «Kutscher!» –
Der Sturz von der Rampe, der Rampe

In lodernde Mitternachtstiefe.
Die Nacht ihrer Küsse durchdringend,
Aus Schwärze gelötet: «Zu Hilfe!»,
Ertönt meine Stimme, versinkend.

Im Zweikampf den Schneesturm bezwingend,
Die lauteste Laute besiegend
Schwimmt sie – meine eigene Stimme –
An steinhartem Zaum aus dem Trüben …

1915

Ледоход

Еще о всходах молодых
Весенний грунт мечтать не смеет.
Из снега выкатив кадык,
Он берегом речным чернеет.

Заря, как клещ, впилась в залив,
И с мясом только вырвешь вечер
Из топи. Как плотолюбив
Простор на севере зловещем!

Он солнцем давится взаглот
И тащит эту ношу по́ мху.
Он шлепает ее об лед
И рвет, как розовую семгу.

Капе́ль до половины дня,
Потом, морозом землю скомкав,
Гремит плавучих льдин резня
И поножовщина обломков.

И ни души. Опять лишь хрип,
Тоскливый лязг и стук ножовый,
И сталкивающихся глыб
Скрежещущие пережевы.

1916/1928

Eisgang

Noch wagt von frischer junger Saat
Der Frühlingsboden nicht zu träumen,
Wenn aus dem Schnee sein Kehlkopf ragt,
Um schwarz das Ufer zu umsäumen.

Das Rot betrinkt sich an der Bucht.
Man muss mit Fleisch den Abend reißen
Aus diesem Sumpf. Die Weite sucht
Im bösen Norden Fleisch als Speise.

Am Sonnenball erstickt sie fast,
Sie schleppt ihn mit sich über Moose,
Schlägt gegen Eis die schwere Last,
Zupft sie wie Lachs, so zart und rosig.

Bis Mittag tröpfelt es und taut;
Dann wird das Land vom Frost zerknittert:
Die Schlacht der Eisschollen dröhnt laut,
Die Splitter stechen sich erbittert.

Und keine Seele. Röcheln bloß,
Geklirr voll Sehnsucht, Messerwetzen,
Die Schollen im Zusammenstoß –
Und knirschend kauen ihre Lefzen.

1916/1928

Стрижи

Нет сил никаких у вечерних стрижей
Сдержать голубую прохладу.
Она прорвалась из горластых грудей
И льется, и нет с нею сладу.

И нет у вечерних стрижей ничего,
Что б там, наверху, задержало
Витийственный возглас их: о торжество,
Смотрите, земля убежала!

Как белым ключом закипая в котле,
Уходит бранчливая влага, –
Смотрите, смотрите – нет места земле
От края небес до оврага.

1915

Schwalben

Den Schwalben des Zwielichtes wird es zu schwer,
Die Kühle zu zähmen, die Bläue:
Sie bricht aus den Kehlen, sie strömt mehr und mehr,
Sie sprudelt hervor stets aufs Neue.

Die Schwalben des Zwielichtes jubeln entzückt;
Nichts bleibt, nur der lange entbehrte,
Der selige Siegesruf: Ach, welches Glück –
Seht, übergeschwappt ist die Erde!

Wie siedendes Wasser, wie weißlicher Schaum
Verzieht sich die Feuchtigkeit schniefend …
Seht her, für die Erde bleibt übrig kein Raum
Vom Himmelssaum bis in die Tiefen.

1915

Эхо

Ночам соловьем обладать,
Что ведром полнодонным колодцам.
Не знаю я, звездная гладь
Из песни ли, в песню ли льется.

Но чем его песня полней,
Тем полночь над песнью просторней.
Тем глубже отдача корней,
Когда она бьется об корни.

И если березовых куп
Безвозгласно великолепье,
Мне кажется, бьется о сруб
Та песня железною цепью,

И каплет со стали тоска,
И ночь растекается в слякоть,
И ею следят с цветника
До самых закраинных пахот.

1915

Echo

Ein Vogellied braucht jede Nacht,
Ein Gefäß brauchen sprudelnde Tiefen;
Wer weiß, ob sich Sterne mit Macht
Aus Liedern in Lieder ergießen?

Wie herrlich die Nachtigall singt:
Darüber die Mitternachtsstunde,
Darunter die Wurzel; es klingt
Im Wurzelgeflecht bis zum Grunde.

Wenn Wipfel der Birken im Wald
Voll Anmut noch regungslos bleiben,
Klirrt eisern das Lied mit Gewalt
Am Stumpf und beendet das Schweigen.

Die Trauer tropft leise vom Stahl,
Im Schlamm wird das Dunkel zerfließen;
Vom Beet sieht man her ohne Zahl,
Betrachtet entlegene Wiesen.

1915

Импровизация

Я клавишей стаю кормил с руки
Под хлопанье крыльев, плеск и клекот.
Я вытянул руки, я встал на носки,
Рукав завернулся, ночь терлась о локоть.

И было темно. И это был пруд
И волны. – И птиц из породы люблю вас,
Казалось, скорей умертвят, чем умрут
Крикливые, черные, крепкие клювы.

И это был пруд. И было темно.
Пылали кубышки с полуночным дегтем.
И было волною обглодано дно
У лодки. И грызлися птицы у локтя.

И ночь полоскалась в гортанях запруд.
Казалось, покамест птенец не накормлен,
И самки скорей умертвят, чем умрут
Рулады в крикливом, искривленном горле.

1915

Improvisation

Ich fütterte wieder den Tastenschwarm –
Da schwirrten die Flügel in rauschendem Toben,
Ich streckte die Zehen, ich reckte den Arm,
Es rieb sich die Nacht am Ellenbogen.

Wie dunkel es war! Wie ruhlos die Flut
Der Wellen. – «Ich liebe euch», rief ich die Vögel.
Sie wollten nicht sterben, sie forderten Blut
Mit schwärzlichen, gellenden, kraftvollen Schnäbeln.

Wie ruhlos die Flut! Wie dunkel es war!
Der Mitternachtsteer ließ die Seerosen lodern.
Den Kahn höhlten Wellen, so emsig, so klar …
Die Vogelschar nagte am Ellenbogen.

Am Rachen des Deichs spielte nächtliche Flut.
Die Vogelbrut klagte, dass Hunger sie quäle –
Und fordern die Weibchen in Wirklichkeit Blut,
Tönt lauthals noch immer die biegsame Kehle.

1915

Сестра моя – жизнь
(лето 1917 года)

Meine Schwester – das Leben
(Sommer 1917)

Памяти Демона

Приходил по ночам
В синеве ледника от Тамары.
Парой крыл намечал,
Где гудеть, где кончаться кошмару.

Не рыдал, не сплетал
Оголенных, исхлестанных, в шрамах.
Уцелела плита
За оградой грузинского храма.

Как горбунья дурна,
Под решеткою тень не кривлялась.
У лампады зурна,
Чуть дыша, о княжне не справлялась.

Но сверканье рвалось
В волосах, и, как фосфор, трещали.
И не слышал колосс,
Как седеет Кавказ за печалью.

От окна на аршин,
Пробирая шерстинки бурнуса,
Клялся льдами вершин:
Спи, подруга, – лавиной вернуся.

Dem Dämon zum Gedenken

Er kam oft in der Nacht
Von Tamara aus eisblauen Wänden,
Und sein Flügel gab Acht
Auf des Alptraums Geräusch, auf sein Ende.

Nicht beweint, nicht vereint
Sind die Nackten mit blutigen Schrammen,
Und es fügte der Stein
An der Kirche sich wieder zusammen.

Wie ein buckliger Wicht
Stand der Schatten am Gitter, verzagend.
Die Surná wagte nicht,
Nach der Fürstin das Lämpchen zu fragen.

Doch das Funkeln brach los –
Haar wie Phosphor erglühend, erschauernd …
Unbemerkt vom Koloss
Lag der Kaukasus, silbern vor Trauer.

Zum Gesims kam er leis,
Zupfte ruhlos am flauschigen Linnen,
Schwor bei Gipfeln und Eis:
Schlaf'! Ich komme zurück als Lawine.

Про эти стихи

На тротуарах истолку
С стеклом и солнцем пополам.
Зимой открою потолку
И дам читать сырым углам.

Задекламирует чердак
С поклоном рамам и зиме,
К карнизам прянет чехарда
Чудачеств, бедствий и замет.

Буран не месяц будет месть,
Концы, начала заметет.
Внезапно вспомню: солнце есть;
Увижу: свет давно не тот.

Галчонком глянет Рождество,
И разгулявшийся денек
Откроет много из того,
Что мне и милой невдомек.

В кашне, ладонью заслонясь,
Сквозь фортку крикну детворе:
Какое, милые, у нас
Тысячелетье на дворе?

Кто тропку к двери проторил,
К дыре, засыпанной крупой,
Пока я с Байроном курил,
Пока я пил с Эдгаром По?

Über diese Verse

Am Pflasterstein zerstampf ich sie,
Mit Glas und Sonnenlicht versetzt.
Zur Decke sprech ich, wenn es friert;
Selbst feuchte Ecken lesen jetzt.

Der Speicher deklamiert; er grüßt
Das Fensterholz, die Winterzeit …
Auf Simse springt so manches Biest –
Der Spleen, die Schrulle und das Leid.

Und Stürme fegen unentwegt;
Das Ende, wie der Anfang, fehlt.
Mir ist bewusst: Die Sonne lebt,
Schon längst verändert sich die Welt.

Die Weihnacht kommt als Dohlenkind.
Dem Tag, der seine Zeit genießt,
Ist zu eröffnen vorbestimmt,
Was sich uns Liebenden verschließt.

Die Augen von der Hand geschützt,
Im Schal, ruf ich hinaus: «He, ihr!
Ihr Kinder, sagt, wenn ihr es wisst:
Welches Jahrtausend haben wir?»

Wer hat den Weg zur Tür gebahnt,
Zum Grützehaufen tief im Loch,
Als ich mit Byron rauchen war,
Als ich noch trank mit Edgar Poe?

Пока в Дарьял, как к другу вхож,
Как в ад, в цейхгауз и в арсенал,
Я жизнь, как Лермонтова дрожь,
Как губы в вермут окунал.

Als ich Darjal betrat (zu oft!),
Dies Lagerhaus der Höllenpein –
Da tauchte ich wie Lermontow
In Wermut Mund und Leben ein.

Тоска

Для этой книги на эпиграф
Пустыни сипли,
Ревели львы и к зорям тигров
Тянулся Киплинг.

Зиял, иссякнув, страшный кладезь
Тоски отверстой,
Качались, ляская и гладясь
Иззябшей шерстью.

Теперь качаться продолжая
В стихах вне ранга,
Бредут в туман росой лужаек
И снятся Гангу.

Рассвет холодною ехидной
Вползает в ямы,
И в джунглях сырость панихиды
И фимиама.

Sehnsucht

Als Motto dieses Buches wurden
Die Wüsten heiser;
Doch Löwen brüllten, Tiger murrten –
Und Kipling reiste.

Der trockne Brunnen gähnte schrecklich,
Der sehnsuchtsvolle;
Sie wiegten plätschernd sich und neckisch
Mit klammer Wolle.

In Versen ohne Rang sich wiegend,
Wer weiß, wie lange,
Ziehn sie im Dunst zum Tau der Wiesen –
Es träumt der Ganges.

Der otternkalte Morgen schimmert,
In Gruben stürzend,
Im Dschungel – Requiem für immer
Und Weihrauchwürze.

Сестра моя – жизнь и сегодня в разливе
Расшиблась весенним дождем обо всех,
Но люди в брелоках высоко брюзгливы
И вежливо жалят, как змеи в овсе.

У старших на это свои есть резоны.
Бесспорно, бесспорно смешон твой резон,
Что в грóзу лиловы глаза и газоны
И пахнет сырой резедой горизонт.

Что в мае, когда поездов расписанье
Камышинской веткой читаешь в купе,
Оно грандиозней святого писанья
И черных от пыли и бурь канапе.

Что только нарвется, разлаявшись, тормоз
На мирных сельчан в захолустном вине,
С матрацев глядят, не моя ли платформа,
И солнце, садясь, соболезнует мне.

И в третий плеснув, уплывает звоночек
Сплошным извиненьем: жалею, не здесь.
Под шторку несет обгорающей ночью
И рушится степь со ступенек к звезде.

Мигая, моргая, но спят где-то сладко,
И фата-морганой любимая спит
Тем часом, как сердце, плеща по площадкам,
Вагонными дверцами сыплет в степи.

Du bist meine Schwester – das Leben, bist heute
Der Regen des Frühlings auf jedem Gesicht;
Und hochnäsig blicken die Kneifer der Leute,
Die schlangengleich beißen aus Höflichkeitspflicht.

Die Älteren wissen der Gründe so viele.
Dein Grund ist ganz sicher, ganz sicher nur Spaß:
Wenns blitzt, schimmern Blicke und Rasen fast lila,
Der Horizont duftet resedenhaft nass.

Im Mai fährst du Bahn und willst Fahrpläne lesen,
Den Schilfdorfer Zweig hast du stets in der Hand;
Die Bibel ist niemals dir wichtig gewesen
Und niemals das Sofa, nach Stürmen, voll Sand.

Da stören die Bremsen mit Jaulen und Quietschen
Die schlafenden Dörfler im Krähwinkelrausch,
Und flüchtig erheben sich Köpfe von Pritschen,
Sein Mitleid mit mir drückt ein Sonnenstrahl aus.

Das Klingeln (das dritte) ist kaum zu erkennen,
Entschuldigend tönt es – nicht hier, nein, noch fern.
Gardinen durchsickert das nächtliche Brennen,
Die Steppe stürzt Stufen hinab bis zum Stern.

Sie blinzeln und zwinkern, sie schlafen mit Wonne,
Die Liebste, die Fata Morgana, sie träumt …
Doch ist durch die Plattform, die Türen, entronnen
Mein Herz – in die endlose Steppe gestreut.

Плачущий сад

Ужасный! – Капнет и вслушается,
        Все он ли один на свете
Мнет ветку в окне как кружевце,
        Или есть свидетель.

Но давится внятно от тягости
        Отеков – земля ноздревая,
И слышно: далеко, как в августе,
        Полуночь в полях назревает.

Ни звука. И нет соглядатаев.
        В пустынности удостоверясь,
Берется за старое – скатывается
        По кровле, за желоб и через.

К губам поднесу и прислушаюсь,
        Все я ли один на свете, –
Готовый навзрыд при случае, –
        Или есть свидетель.

Но тишь. И листок не шелохнется.
        Ни признака зги, кроме жутких
Глотков и плескания в шлепанцах
        И вздохов и слез в промежутке.

Der weinende Garten

Wie furchtbar! Er tröpfelt, er lauscht und er schweigt,
  Ob er ganz allein auf der Erde
Im Fenster die Borte zerknüllt und den Zweig?
  Wo ist ein Gefährte?

An Schwellungen leiden die Nüstern der Welt,
  Vernehmlich, doch kaum zu begreifen;
Und wie im August hört man fern auf dem Feld
  Die schweigende Mitternacht reifen.

Kein Zuschauer. Und kein einziger Ton.
  Die Leere ist restlos erwiesen.
Man greift sich das Alte und macht sich davon,
  Wo Dächer und Dachrinnen sprießen.

Ich führ an die Lippen … ich lausche mich ein …
  Bin ich ganz allein auf der Erde,
Im Fall eines Falles zu weinen bereit –
  Wo ist mein Gefährte?

Doch welch eine Stille! Das Laubwerk will ruhn,
  Ich hör nicht den leisesten Schimmer,
Nur Gluckern und Plätschern in schäbigen Schuhn,
  Nur Klagen und Tränen für immer.

Сложа весла

Лодка колотится в сонной груди,
Ивы нависли, целуют в ключицы,
В локти, в уключины – о погоди,
Это ведь может со всяким случиться!

Этим ведь в песне тешатся все.
Это ведь значит – пепел сиреневый,
Роскошь крошеной ромашки в росе,
Губы и губы на звезды выменивать!

Это ведь значит – обнять небосвод,
Руки сплести вкруг Геракла громадного,
Это ведь значит – века напролет
Ночи на щелканье славок проматывать!

Mit ruhenden Rudern

Schläfrige Brust mit leis klopfendem Kahn,
Schultern, gestreichelt von trauernden Weiden,
Ellbogen, Schultern … so denke daran:
Jeder von uns kann dasselbe erleiden.

Dies ganz allein kann uns trösten im Lied,
Dies ist zu Asche gewordener Flieder,
Feuchte Kamille, die krümelnd erblüht,
Lippen, mit Sternen vertauscht immer wieder.

Dies ist Umarmung des kosmischen Blaus
Und des gewaltigen Herakles-Riesen,
Dies ist die Sehnsucht, jahrein und jahraus –
Ewig – das Nachtigalllied zu genießen.

Определение поэзии

Это – круто налившийся свист,
Это – щелканье сдавленных льдинок,
Это – ночь, леденящая лист,
Это – двух соловьев поединок.

Это – сладкий заглохший горох,
Это – слезы вселенной в лопатках,
Это – с пультов и флейт – Фигаро
Низвергается градом на грядку.

Все, что ночи так важно сыскать
На глубоких купаленных доньях,
И звезду донести до садка
На трепещущих мокрых ладонях.

Площе досок в воде – духота.
Небосвод завалился ольхою.
Этим звездам к лицу б хохотать,
Ан вселенная – место глухое.

Definition der Poesie

Sie ist Saft im zerberstenden Pfiff,
Sie ist Eis, auf den Meeren zerschellend,
Sie ist Frost, der das Blatt tödlich trifft,
Sie ist Nachtigallklang in Duellen.

Sie gleicht Erbsen, vor Süße ertaubt,
Sie gleicht Tränen des Weltalls an Spaten,
Sie ist Figaros Flötenton – laut
Stürzt er nieder vom Pult in den Garten.

Und auch dies, was die Nacht allzu gern
In der Tiefe des Schwimmbeckens fände,
Der zur Reuse getragene Stern,
Die durchnässten, die bebenden Hände.

Schwüle, flacher als Holz in der Flut,
Schwerer Himmel, zur Erle sich neigend …
Für die Sterne wär Lachen so gut –
Doch das Weltall wird immer nur schweigen.

Определение души

Спелой грушею в бурю слететь
Об одном безраздельном листе.
Как он предан – расстался с суком!
Сумасброд – задохнется в сухом!

Спелой грушею, ветра косей.
Как он предан, – «Меня не затреплет!»
Оглянись: отгремела в красе,
Отпылала, осыпалась – в пепле.

Нашу родину буря сожгла.
Узнаешь ли гнездо свое, птенчик?
О мой лист, ты пугливей щегла!
Что ты бьешься, о шелк мой застенчивый?

О, не бойся, приросшая песнь!
И куда порываться еще нам?
Ах, наречье смертельное «здесь» –
Невдомек содроганью сращенному.

Definition der Seele

Wie die saftige Birne im Wind
Mit dem Blatt fliegt, das immer noch grünt …
Aus Ergebenheit fiel sie vom Ast,
Aus Verrücktheit; wie schnell sie verblasst!

Wie die Birne: Kein Wind weht so krumm.
Das ergebene Blatt will nicht rascheln.
Sieh dich um, wie die Schönheit verstummt;
Sie verglüht und verstreut sich zu Asche.

Unser Land ist in Stürmen verbrannt.
Wohnst du, Vogel, im Nest denn noch immer?
Selbst der Stieglitz hat weniger Angst,
Du mein Blatt, meine Seide, du schimmernde …

Keine Angst, mir gewachsenes Lied!
Wohin sollten wir fliehn, wohin gehen?
Denn das tödliche Wörtchen heißt «hier» –
Unser Schaudern wirds niemals verstehen.

Темы и вариации
Themen und Variationen

Тема с вариациями

… Вы не видали их,
Египта древнего живущих изваяний,
С очами тихими, недвижных и немых,
С челом, сияющим от царственных венчаний.
…………………………………………
Но вы не зрели их, не видели меж нами
И теми сфинксами таинственную связь.

Аполлон Григорьев

Тема

Скала и шторм. Скала и плащ и шляпа.
Скала и – Пушкин. Тот, кто и сейчас,
Закрыв глаза, стоит и видит в сфинксе
Не нашу дичь: не домыслы в тупик
Поставленного грека, не загадку,
Но предка: плоскогубого хамита,
Как оспу, перенесшего пески,
Изрытого, как оспою, пустыней,
И больше ничего. Скала и шторм.

В осатаненьи льющееся пиво
С усов обрывов, мысов, скал и кос,
Мелей и миль. И гул и полыханье
Окаченной луной, как из лохани,
Пучины. Шум и чад и шторм взасос.
Светло как днем. Их озаряет пена.
От этой точки глаз нельзя отвлечь.
Прибой на сфинкса не жалеет свеч
И заменяет свежими мгновенно.
Скала и шторм. Скала и плащ и шляпа.
На сфинксовых губах – соленый вкус

Thema mit Variationen

… Ihr habt sie nicht gesehn,
Ägyptens Statuen, uralt, und doch voll Leben,
Wie sie mit stillem Blick erstarrt und schweigend stehn,
Mit Stirnen, die von Glanz und Krönung Kunde geben.
. . . . .
Ihr habt sie nie erblickt, ihr könnt es nicht erkennen –
Mit jenen Sphinxen eint uns ein geheimes Band.

Apollon Grigorjew

Thema

Gestein und Sturm. Gestein und Hut und Mantel.
Gestein und – Puschkin. Er, der heute noch
Geschlossnen Auges in der Sphinx betrachtet
Nicht unser Wild; nicht die Vermutungen,
Ergebnislos, des Griechen, nicht das Rätsel –
Nein, seinen Urahn: ein Hamit, flachlippig,
Der Blattern und auch Sand ertragen hat,
Vernarbt ist von den Blattern und der Wüste;
Mehr nicht, nur dies allein: Gestein und Sturm.

Und wie verteufelt strömt herab das Bier
Vom Bart der Schlucht, der Klippe, des Gesteins,
Der Sandbank und der Meilen. Lärm und Flamme
Des Strudels, ganz bespritzt aus voller Wanne
Mit Mondlicht. Rauschen, Qualm und Stern allein.
Hell wie am Tag: Der Schaum lässt alles glänzen,
So dass auf diesem Punkt das Auge ruht.
Und reichlich Kerzen schenkt der Sphinx die Flut,
Die abgebrannten immerzu ergänzend.
Gestein und Sturm. Gestein und Hut und Mantel.
Der Mund der Sphinx ist angehaucht nur leicht

Туманностей. Песок кругом заляпан
Сырыми поцелуями медуз.

Он чешуи не знает на сиренах,
И может ли поверить в рыбий хвост
Тот, кто хоть раз с их чашечек коленных
Пил бившийся как о́б лед отблеск звезд?

Скала и шторм и – скрытый ото всех
Нескромных – самый странный, самый тихий,
Играющий с эпохи Псамметиха
Углами скул пустыни детский смех …

1. Оригинальная

Над шабашем скал, к которым
Сбегаются с пеной у рта,
Чадя, трапезундские штормы,
Когда якорям и портам,

И выбросам волн, и разбухшим
Утопленникам, и седым
Мосткам набивается в уши
Клокастый и пильзенский дым.

Где ввысь от утеса подброшен
Фонтан, и кого-то позвать
Срываются гребни, но – тошно
И страшно, и – рвется фосфат.

Где белое бешенство петель,
Где грохот разостланных гроз,
Как пиво, как жеваный бетель,
Песок осушает взасос.

Vom Salz des Dunstes. Und den Sand verwandeln
Die Küsse der Medusen, allzu feucht.

Die Schuppen der Sirenen sind verschwunden;
Wer glaubt an ihren Fischschwanz noch entfernt,
Sobald er selbst aus ihren Knien getrunken
Den wie auf Eis geschlagnen Widerschein des Sterns?

Gestein und Sturm – vor Angebern versteckt
Ein Kinderlächeln, das so zart, so eigen
(Noch aus Psammetichs längst vergangnen Zeiten)
Im Spiel die Mundwinkel der Wüste neckt …

1. Original

Am Sabbat der Steine, zu denen
Die Stürme, mit Schaum vor dem Mund
Und qualmend, von Trabzon her strömen,
Wenn Ankern und Häfen ringsum,

Wenn strandendem Abfall der Wellen,
Wenn quellenden Leichen, wenn auch
Den Brücken ins Ohr dringt so gellend
Die Wolke aus Pilsen voll Rauch.

Wo hoch aus dem Fels die Fontäne
Emporwächst zum flehenden Ruf
Der Wellen mit berstenden Kämmen
In übler, phosphatreicher Luft,

Wo weißgraues Rasen und Brausen
Mit Donner und Blitz unentwegt,
Wie Bier oder Betel zum Kauen,
Der saugende Sand trocken legt –

Что было наследием кафров?
Что дал царскосельский лицей?
Два бога прощались до завтра,
Два моря менялись в лице:

Стихия свободной стихии
С свободной стихией стиха.
Два дня в двух мирах, два ландшафта,
Две древние драмы с двух сцен.

2. Подражательная

На берегу пустынных волн
Стоял он, дум великих полн.
Был бешен шквал. Песком сгущенный,
Кровавился багровый вал.
Такой же гнев обуревал
Его, и, чем-то возмущенный,
Он злобу на себе срывал.

В его устах звучало «завтра»,
Как на устах иных «вчера».
Еще не бывших дней жара
Воображалась в мыслях кафру,
Еще не выпавший туман
Густые целовал ресницы.
Он окунал в него страницы
Своей мечты. Его роман
Вставал из мглы, которой климат
Не в силах дать, которой зной
Прогнать не может никакой,
Которой ветры не подымут
И не рассеют никогда
Ни утро мая, ни страда.

Wer weiß, was das Erbe der Kaffern,
Was Puschkins Lyzeum verspricht?
Zwei Götter, bis morgen noch schlafend,
Zwei Meere, vertauscht im Gesicht.

Naturgewalt freier Gewalten
Und freie Gewalt des Gedichts.
Zwei Tage in zweierlei Welten,
Zwei Dramen, zwei Bühnen, uralt.

2. Nachahmung

Am Ufer über wüstem Meer
Stand er allein, gedankenschwer.
Im Wind lag Wut. Von Sand verdichtet
War blutig, purpurrot die Flut.
Der gleiche Zorn lag ihm im Blut,
Und es entlud sich unbeschwichtigt
In ihm die aufgestaute Wut.

Aus seinem Munde klang ein «morgen»,
Wie «gestern» klingt aus fremdem Mund.
Im Geist des Kaffern war die Glut
Noch nicht gelebter Zeit verborgen,
Und der noch nicht gewobne Dunst
Sank küssend auf die Wimpern nieder
Und tränkte all die Seiten wieder
Des Traumromans: Die Kunst
Erstand aus Dunkel, das zu geben
Kein Erdenklima je vermag,
Das keine Schwüle je verjagt.
Selbst Winde können es nicht heben,
Und niemals wird es je zerstreut
Vom Maitag, von der Erntezeit.

Был дик открывшийся с обрыва
Бескрайний вид. Где огибал
Купальню гребень белогривый,
Где смерч на воле погибал,
В последний миг еще качаясь,
Трубя и в отклике отчаясь,
Борясь, чтоб захлебнуться вмиг
И сгинуть вовсе с глаз. Был дик
Открывшийся с обрыва сектор
Земного шара, и дика
Необоримая рука,
Пролившая соленый нектар
В пространство слепнувших снастей,
На протяженье дней и дней,
В сырые сумерки крушений,
На милость черных вечеров …
На редкость дик, на восхищенье
Был вольный этот вид суров.

Он стал спускаться. Дикий чашник
Гремел ковшом, и через край
Бежала пена. Молочай,
Полынь и дрок за набалдашник
Цеплялись, затрудняя шаг,
И вихрь степной свистел в ушах.

И вот уж бережок, пузырясь,
Заколыхал камыш и ирис,
И набежала рябь с концов.
Но неподернуто свинцов
Посередине мрак лиловый.
А рябь! Как будто рыболова
Свинцовый грузик заскользил,

Am Abhang stand dem Auge offen
Ein weiter Ausblick, wild und karg:
Das Schwimmbad, krumm, mit weißem Schopfe,
Der Windhauch, der in Freiheit starb,
Im letzten Augenblick sich wiegend;
Er blies, dem Widerhall erliegend,
Er kämpfte, bis er sich verbarg
Im Schwinden. Wild und karg
Erschien am Abhang dieser Sektor
Des Erdenrunds, die wilde Hand,
Die niemand je bezwingen kann;
Doch sie vergoss das Salz des Nektars
In Takelagen, die schlecht sehn,
An Tagen, endlos ausgedehnt,
Im nassen Dämmerlicht des Scheiterns,
An Abenden, so schwärzlich grau …
So wild und karg, doch so begeisternd
War dieser Ausblick – frei und rau!

Er stieg hinab. In wilden Binsen
Ertönten Dolden, und zuhauf
Erwuchs der Schaum. Bis an den Knauf
Umschlangen Wolfsmilch, Wermut, Ginster
Stets seinen Stock und hemmten ihn;
Im Ohr erklang der Steppenwind.

Er kam zum Strand, den Blasen zierten,
Sanft wiegten Schilfrohr sich und Iris,
Die Flut, gekräuselt, lief herbei,
Und lilafarben, wie aus Blei,
Sah er das Dunkel in der Mitte.
Welch krause Flut! Sie war geglitten
Wie eines Köders leichte Last

Осунулся и лег на ил
С непереимчивой ужимкой,
С какою пальцу самолов
Умеет намекнуть без слов:
Вода, мол, вот и вся поимка.
Он сел на камень. Ни одна
Черта не выдала волненья,
С каким он погрузился в чтенье
Евангелья морского дна.
Последней раковине до́рог
Сердечный шелест, капля сна,
Которой мука солона,
Ее сковавшая. Из створок
Не вызвать и клинком ножа
Того, чем боль любви свежа.
Того счастливейшего всхлипа,
Что хлынул вон и создал риф,
Кораллам губы обагрив,
И замер на устах полипа.

3.

Мчались звезды. В море мылись мысы.
Слепла соль. И слезы высыхали.
Были темны спальни. Мчались мысли,
И прислушивался сфинкс к Сахаре.

Плыли свечи. И казалось, стынет
Кровь колосса. Заплывали губы
Голубой улыбкою пустыни.
В час отлива ночь пошла на убыль.

Море тронул ветерок с Марокко.
Шел Самум. Храпел в снегах Архангельск.

Aus Blei hinab in den Morast
Mit unnachahmlicher Grimasse.
Dem Finger sagt die Angelschnur
Auf diese Weise: Keine Spur –
Gefangen hast du nichts als Wasser.
Er sank auf einen Stein, und kund
Tat nicht ein Zug in seinem Wesen,
Dass er zutiefst bewegt gelesen
Des Meeres Evangelium.
Die letzte Muschel kann erahnen
Des Herzens Laut, vom Traum benetzt,
Der alles Leid mit Salz durchsetzt,
Das er geschmiedet. Seinen Kammern
Entreißt kein noch so scharfer Stahl
Das Wesen ewig frischer Qual,
Den Seufzer in beglückter Liebe …
Er strömte aus, erschuf ein Riff
Aus Purpurlippen – und er schlief
Erstarrt am Munde des Polypen.

3.

Sterne eilten. Flut wusch die Gesteine.
Blind erschien das Salz, die Träne trocken,
Dunkel das Gemach. Gedanken eilten –
Nur die Sphinx vernahm Saharas Worte.

Kerzen tropften stetig. Stocken müsste
Auch das Blut des Riesen! Blau durchdrungen
Hatte seinen Mund die heitre Wüste:
Mit der Ebbe war die Nacht bezwungen.

Aus Marokko kam zum Meer die Brise
Des Samum. – Verschneit schlief ganz Archangelsk.

Плыли свечи. Черновик «Пророка»
Просыхал, и брезжил день на Ганге.

4.

Облако. Звезды. И сбоку –
Шлях и – Алеко. – Глубок
Месяц Земфирина ока –
Жаркий бездонный белок.

Задраны к небу оглобли.
Лбы голубее олив.
Табор глядит исподлобья,
В звезды мониста вперив.

Это ведь кровли Халдеи
Напоминает! Печет,
Лунно; а кровь холодеет.
Ревность? Но ревность не в счет!

Стой! Ты похож на сирийца.
Сух, как скопец-звездосчет.
Мысль озарилась убийством.
Мщенье? Но мщенье не в счет!

Тень как навязчивый евнух.
Табор покрыло плечо.
Яд? Но по кодексу гневных
Самоубийство не в счет!

Прянул, и пыхнули ноздри.
Не уходился еще?
Тише, скакун, – заподозрят.
Бегство? Но бегство не в счет!

Kerzen tropften. Der Prophet, noch Skizze,
Trocknete. Es wurde Tag am Ganges.

4.

Wolke und Sterne. Dort führt ein
Weg zu Aleko. Dort liegt
Mondlicht im Auge Semfiras,
Abgründig, glutweiß und tief.

Deichseln, zum Himmel sich bäumend,
Stirnen, olivgrün, nein – blau:
Misstrauisch reichten Zigeuner
Schmuck zu den Sternen hinauf.

Dies mag an euch noch erinnern,
Dächer Chaldäas! Es schmort
Mondlicht, das Blut will gerinnen.
Eifersucht? Nichtiges Wort.

Halt! Denn du ähnelst dem Syrer,
Sterndeuter, keusch und verdorrt!
Mord blitzt, die Sinne verwirrend –
Rache? Ein nichtiges Wort.

Lästige Schatten, Eunuchen …
Schultern verdeckten den Ort.
Gift? Eifernd schrieb man im Buche,
Selbstmord sei nichtig, ein Wort!

Feurig entflammten die Nüstern.
Bist du noch immer nicht fort?
Leise, mein Rennpferd – sie flüstern …
Flucht? Welch ein nichtiges Wort!

5.

Цыганских красок достигал,
Болел цингой и тайн не делал
Из черных дырок тростника
В краю воров и виноделов.

Забором крался конокрад,
Загаром крылся виноград,
Клевали кисти воробьи,
Кивали безрукавки чучел,
Но, шорох гроздий перебив,
Какой-то рокот мёр и мучил.

Там мрело море. Берега
Гремели, осыпался гравий.
Тошнило гребни изрыгать,
Барашки грязные играли.

И шквал за Шабо бушевал,
И выворачивал причалы.
В рассоле крепла бечева,
И шторма тошнота крепчала.

Раскатывался балкой гул,
Как баней шваркнутая шайка,
Как будто говорил Кагул
В ночах с очаковскою чайкой.

6.

В степи охладевал закат,
И вслушивался в звон уздечек,
В акцент звонков и языка
Мечтательный, как ночь, кузнечик.

5.

Er war zigeunerhaft und bunt,
Litt an Skorbut und sagte offen,
Das Schilf sei schwarz, von Löchern wund,
Im Land der Winzer und Ganoven.

Der Pferdedieb schlich nah am Zaun,
Der Wein war von der Sonne braun,
An Reben pickte gern der Spatz,
Und armlos nickten Vogelscheuchen;
Die Trauben hielten ihren Schwatz –
Da starb das Tosen, scharf und schneidend.

Da schwand das Meer. Der weite Strand
Erklang, in den sich Schotter wühlte.
Speiübel war dem Wellenkamm,
Die grauen Wolkenschäfchen spielten.

Der Wind blies hinter Schabo rau,
Riss an den Leinen ungezügelt.
Im Salzbad wurde stark das Tau,
Dem Sturm war unbeschreiblich übel.

Ein Lärm erklang in Sumpf und Pfuhl,
Als klirre fern im Bad ein Eimer,
Als spräche leise mit Kagul
Otschakows Möwe, nachts, alleine …

6.

Vom Steppengras gekühltes Licht:
Dem Zaumzeug lauschte in der Stille,
Dem Schellenklang, dem Wort, das spricht,
Die wie die Nacht verträumte Grille.

И степь порою спрохвала
Волок, как цепь, как что-то третье,
Как выпавшие удила,
Стреноженный и сонный ветер.

Истлела тряпок пестрота,
И, захладев, как медь безмена,
Завел глаза, чтоб стрекотать,
И засинел, уже безмерный,
Уже, как песнь, безбрежный юг,
Чтоб перед этой песнью дух
Невесть каких ночей, невесть
Каких стоянок перевесть.

Мгновенье длился этот миг,
Но он и вечность бы затмил.

1918

Die Steppe schleppte hin und her,
Wie Ketten oder etwas andres,
Fast wie ein Mundstück ohne Pferd,
Den müden Wind, längst eingefangen.

Matt schien das bunte Stoffgewirr,
Kühl, wie die Kupferwaage glänzend,
Hob seinen Blick vor dem Gezirp
Der weite Süden, frei von Grenzen –
Er glich dem Lied, unendlich blau;
Vor seinem Liede nahm er auf
Den Atem irgendeiner Nacht,
Den Atem irgendeiner Rast.

Und dieser Augenblick der Zeit
Verdunkelt selbst die Ewigkeit.

1918

Так начинают. Года в два
От мамки рвутся в тьму мелодий,
Щебечут, свищут, – а слова
Являются о третьем годе.

Так начинают понимать.
И в шуме пущенной турбины
Мерещится, что мать – не мать,
Что ты – не ты, что дом – чужбина.

Что делать страшной красоте
Присевшей на скамью сирени,
Когда и впрямь не красть детей?
Так возникают подозренья.

Так зреют страхи. Как он даст
Звезде превысить досяганье,
Когда он – Фауст, когда – фантаст?
Так начинаются цыгане.

Так открываются, паря
Поверх плетней, где быть домам бы,
Внезапные, как вздох, моря.
Так будут начинаться ямбы.

Так ночи летние, ничком
Упав в овсы с мольбой: исполнься,
Грозят заре твоим зрачком.
Так затевают ссоры с солнцем.

Так начинают жить стихом.

1921

Zwei Jahre bist du alt, beginnst
Entwöhnt in dunklen Klang zu tauchen.
Du zwitscherst, pfeifst – du wirst, mein Kind,
Ein drittes Jahr zum Sprechen brauchen.

So fängst du zu verstehen an.
Und wenn Turbinen lauthals lärmen,
Scheint dir die Mutter unbekannt,
Du bist nicht du, dein Heim ist Fremde.

Was soll das schrecklich schöne Bild
Des Flieders auf den Gartenbänken,
Wenn er nicht kleine Kinder stiehlt?
So wächst Verdacht, entstehn Bedenken.

So siehst du Furcht. Mit welcher Kraft
Lässt jener seinen Stern gewinnen,
Der einmal Faust ist, dann Phantast?
Zigeuner mögen so beginnen.

So öffnen sich, wohin du schaust,
Statt Häusern über Zäunen schwebend,
Die Meere wie ein Klagelaut –
So fangen Jamben an zu leben.

So ist manch Sommernacht; sie spricht
Im Hafer liegend: Ach, erfüll dich!
Sie droht mit deinem Aug dem Licht
Und streitet mit der Sonne willig.

So lebst du künftig im Gedicht.

1921

Поэзия

Поэзия, я буду клясться
Тобой и кончу, прохрипев:
Ты не осанка сладкогласца,
Ты – лето с местом в третьем классе,
Ты – пригород, а не припев.

Ты – душная, как май, Ямская,
Шевардина ночной редут,
Где тучи стоны испускают
И врозь по роспуске идут.

И, в рельсовом витье двояся,
Предместье, а не перепев –
Ползут с вокзалов восвояси
Не с песней, а оторопев.

Отростки ливня грязнут в гроздьях
И долго, долго до зари
Кропают с кровель свой акростих,
Пуская в рифму пузыри.

Поэзия, когда под краном
Пустой, как цинк ведра, трюизм,
То и тогда струя сохранна,
Тетрадь подставлена – струись!

1922

Dichtung

Ich werde, Dichtung, Schwüre leisten
Auf dich; und heiser füg ich an:
Du schmeichelst nicht mit süßen Weisen,
Du: Sommer, Dritte-Klasse-Reise
Und Vorstadt, aber nicht Gesang.

Du: Mai, Jamskaja, Dorf und Schwüle,
Schewardinos Redoute bei Nacht,
Wenn Wolken stöhnen, Schmerzen fühlen
Und sich zerstreuen unbedacht,

Verdoppelt im Gewirr der Gleise
(Ein Vorort, nicht der alte Klang)
Ziehn sie vom Bahnhof heimwärts leise,
Gehn ohne Lied, doch tastend, bang.

Die Saat des Regens fault in Trauben,
Und lang, sehr lang vor Abendschein
Tropft ihr Akrostichon in Traufen:
Die Blasen fügen sich zum Reim.

Wenn, Dichtung, nur in Plattitüden
Aus hohlem Zink du dich ergießt,
So will ich deinen Strahl behüten,
Das Heft liegt ausgebreitet – fließ!

1922

Второе рождение
Zweite Geburt

Любить иных – тяжелый крест,
А ты прекрасна без извилин,
И прелести твоей секрет
Разгадке жизни равносилен.

Весною слышен шорох снов
И шелест новостей и истин.
Ты из семьи таких основ.
Твой смысл, как воздух, бескорыстен.

Легко проснуться и прозреть,
Словесный сор из сердца вытрясть
И жить, не засоряясь впредь,
Всё это – не большая хитрость.

1931

Zu lieben ist ein schweres Kreuz,
Du unverkrümmtes, schönes Wesen:
Geheimnisvoll erscheint dein Reiz,
Schwer, wie das Leben selbst, zu lösen.

Im Frühling werden Träume kund,
Es flüstern Neuigkeit und Wahrheit,
Du wurzelst tief in diesem Grund,
Bist selbstlos wie der Lüfte Klarheit.

Wir wachen auf, wir können sehn,
Das Herz vom Schmutz der Wörter trennen
Und unbeschmutzt durchs Leben gehn …
Recht einfach lässt sich dies erkennen.

1931

Красавица моя, вся стать,
Вся суть твоя мне по́ сердцу,
Вся рвется музыкою стать,
И вся на рифмы просится.

А в рифмах умирает рок,
И правдой входит в наш мирок
Миров разноголосица.

И рифма – не вторенье строк,
А гардеробный номерок,
Талон на место у колонн
В загробный гул корней и лон.

И в рифмах дышит та любовь,
Что тут с трудом выносится,
Перед которой хмурят бровь
И морщат переносицу.

И рифма не вторенье строк,
Но вход и пропуск за порог,
Чтоб сдать, как плащ за бляшкою,
Болезни тягость тяжкую,
Боязнь огласки и греха
За громкой бляшкою стиха.

Красавица моя, вся суть,
Вся стать твоя, красавица,
Спирает грудь и тянет в путь.
И тянет петь и – нравится.

Du Schöne, nicht nur die Gestalt –
Dein Wesen trifft mein Innerstes;
Es ist Musik, die nie verhallt
Und Reime neu ersinnen will.

Sogar das Schicksal stirbt im Reim,
Als Wahrheit tritt in unser Heim
Der Welten weites Stimmenmeer.

Nicht Zeilen sind im Reim vereint –
Er ist ein Garderobenschein,
Ein Sitzplatz dicht am Säulengang:
Von Schoß und Wurzeln singt sein Klang.

Von Liebe ist der Reim erfüllt,
Das Menschenlos ist schlimm und schwer:
Man hebt die Augenbrauen kühl
Und kraust die Nase immer mehr.

Nicht Zeilen sind im Reim vereint;
Er kann nur Einlass, Zutritt sein –
Ein Schildchen: So befreist du dich
Vom Mantel, lässt das Leid zurück,
Und Schmach, Gerede, schreckt dich nicht;
Laut tönt das Schildchen im Gedicht.

Du Schöne, deines Wesens Hort,
Dein Leib, der schön gestaltet ist,
Beklemmt die Brust und reißt mich fort
Ins Lied, das Wohlgefallen ist.

Тебе молился Поликлет.
Твои законы изданы.
Твои законы в далях лет.
Ты мне знакома издавна.

1931

Du warst die Göttin Polyklets ...
Gesetz, von dir erfundenes,
Seit jeher gültiges Gesetz:
Du bist die mir Verbundene.

1931

На ранних поездах
In den Frühzügen

Художник

Мне по душе строптивый норов
Артиста в силе: он отвык
От фраз, и прячется от взоров,
И собственных стыдится книг.

Но всем известен этот облик.
Он миг для пряток прозевал.
Назад не повернуть оглобли,
Хотя б и затаясь в подвал.

Судьбы под землю не заямить.
Как быть? Неясная сперва,
При жизни переходит в память
Его признавшая молва.

Но кто ж он? На какой арене
Стяжал он поздний опыт свой?
С кем протекли его боренья?
С самим собой, с самим собой.

Как поселенье на Гольфштреме,
Он создан весь земным теплом.
В его залив вкатило время
Всё, что ушло за волнолом.

Он жаждал воли и покоя,
А годы шли примерно так,
Как облака над мастерскою,
Где горбился его верстак.

Декабрь 1935

Der Künstler

1.

Ich lieb die Kraft des Künstlers: eigen
und zäh; nur Phrasen sind ihm fremd,
Er möchte Blickkontakt vermeiden
Und spricht von seinem Werk verschämt,

Obwohl sein Antlitz alle kennen –
Die Heimlichkeit ist längst entdeckt.
Er kann das Steuer nicht mehr wenden,
Wenn er im Keller sich versteckt.

Sein Schicksal hüllt er nicht in Erde.
Was tun? Er lebt, doch leise spricht,
Um bald Erinnerung zu werden,
Das ihn verehrende Gerücht.

Wer ist er? Und auf welchen Plätzen
Hat er sich spät dem Kampf gestellt?
Wem musste er sich widersetzen?
Sich selbst, und immer nur – sich selbst.

Wie nah am Golf erbaute Häuser
Ist er erfüllt von Erdenglut.
Und alles warf die Zeit von Neuem
Vom Wellenbrecher in die Bucht.

Ihm wären Freiheit, Frieden lieber …
Die Jahre zogen schnell ins Land;
Wie Wolken flogen sie vorüber
An seiner krummen Hobelbank.

Dezember 1935

2.

Как-то в сумерки Тифлиса
Я зимой занес стопу.
Пресловутую теплицу
Лихорадило в гриппу.

Рысью разбегались листья.
По пятам, как сенбернар,
Прыгал ветер в желтом плисе
Оголившихся чинар.

Постепенно всё грубело.
Север, черный лежебок,
Вешал ветку изабеллы
Перед входом в погребок.

Быстро таял день короткий,
Кротко шел в щепотку снег.
От его сырой щекотки
Разбирал не к месту смех.

Я люблю их, грешным делом,
Стаи хлопьев, холод губ,
Небо в черном, землю в белом,
Шапки, шубы, дым из труб.

Я люблю перед бураном
Присмиревшие дворы,
Будто прятки по чуланам
Нашалившей детворы,

И летящих туч обрывки,
И снежинок канитель,
И щипцами для завивки
Их крутящую метель.

2.

Tiflis traf im Dämmerlichte
Eines Wintertags mein Fuß,
Dieses Treibhaus der Geschichte,
Das im Fieber frösteln muss!

Blätter trabten auseinander.
Wie ein Bernhardiner sprang
Flugs der Wind im gelben Mantel
Der Platanen, kahl schon lang.

Grobheit wuchs, sich stetig steigernd,
Und der Norden, schwarz und faul,
Hängte Isabella-Zweige
An der Tür zum Keller auf.

Dieser Tag war schnell versunken,
Schnell vermischt mit etwas Schnee.
Ganz von feuchtem Kitzeln trunken
Klang das Lachen recht verfehlt.

Ja, ich liebe (sündig werdend)
Flocken, Kälte auf dem Mund,
Schwarz am Himmel, Weiß auf Erden,
Mützen, Pelze, Schlote, Dunst.

Ja, ich lieb im Hof die Stille,
Kurz bevor der Schneesturm fegt,
Fast, als ob im Schuppen spielend,
Sich die Kinderschar versteckt,

Und den Tanz zerfetzter Wolken,
Flocken, ihre Litanei,
Und den Schneesturm, der wie Locken
Sie stets neu zu drehen weiß.

Но впервые здесь на юге
Средь порхания пурги
Я увидел в кольцах вьюги
Угли вольтовой дуги.

Ах, с какой тоской звериной,
Трепеща, как стеарин,
Озаряли мандарины
Красным воском лед витрин!

Как на родине Миньоны,
С гетевским: «Dahin! Dahin!»,
Полыхали лампионы
Субтропических долин.

И тогда с коробкой шляпной,
Как модистка синема,
Настигала нас внезапно
Настоящая зима.

Нас отбрасывала в детство
Белокурая копна
В черном котике кокетства
И почти из полусна.

1936

Erstmals war auf diese Weise
Auch dem Süden es geschehn:
Dort sah ich im Schneesturm Kreise,
Kohlen, Lichtbögen entstehn.

Ach, voll Sehnsucht, wild und innig,
Bebte Stearin aus Not,
Traf auf eisige Vitrinen
Mandarinenwachs, tiefrot,

Wie im Land Mignons, dem fernen
(Goethe schrieb: «Dahin! Dahin!»),
Heller lodernd die Laterne
Das Subtropental beschien.

Mit dem Hütchen in der Schachtel,
Wie Modistin Cinema,
War, bevor es jemand dachte,
Schon der echte Winter da.

Rückwärts riss in Kindertage
Uns ein Schober – weiß am Saum,
Keck mit schwarzem Pelz am Kragen –
Fast zur Hälfte aus dem Traum.

1936

3.

Скромный дом, но рюмка рому
И набросков черный грог.
И взамен камор – хоромы,
И на чердаке – чертог.

От шагов и волн капота
И расспросов – ни следа.
В зарешеченном работой
Своде воздуха – слюда.

Голос, властный, как полюдье,
Плавит всё наперечет.
В горловой его полуде
Ложек олово течет.

Что́ ему почет и слава,
Место в мире и молва
В миг, когда дыханьем сплава
В слово сплочены слова?

Он на это мебель стопит,
Дружбу, разум, совесть, быт.
На столе стакан не допит,
Век не дожит, свет забыт.

Слитки рифм, как воск гадальный,
Каждый миг меняют вид.
Он детей дыханье в спальной
Паром их благословит.

1936

3.

Armes Heim, doch Rum im Becher,
Skizzenflut wie schwarzer Grog …
Enge Kammern sind Gemächer,
Und der Speicher wird zum Schloss.

Keinen Schlafrock bauschen Schritte,
Von Verhören keine Spur;
Kuppelbau der Luft, vergittert
Nur mit Mühe: Glimmer pur.

Wie die Steuer dröhnt die Stimme,
Alles schmilzt dahin sogleich;
Durch verzinnte Kehlen rinnend
Wird das Zinn der Löffel weich.

Was bedeuten Ruhm und Ehre,
In der Welt ein eigner Ort,
Wenn vom Hauch verschmolzen werden
Wörter immer neu zum Wort?

Schmelzen könnten Möbel, Werte,
Freundschaft, Mitleid, Geistesblitz;
Wenn dies Glas auch niemand leerte –
Welt und Lebenszeit sind nichts.

Klang in Barren, Wachs zum Raten
Wandelt sich tagein, tagaus.
Schlafdurchtränkten Kinderatem
Segnet er mit ihrem Rauch.

1936

4.

Он встает. Века. Гелаты.
Где-то факелы горят.
Кто провел за ним в палату
Островерхих шапок ряд?

И еще века. Другие.
Те, что после будут. Те,
В уши чьи, пока тугие,
Шепчет он в своей мечте.

– Жизнь моя средь вас – не очерк.
Этого хоть захлебнись.
Время пощадит мой почерк
От критических скребниц.

Разве въезд в эпоху заперт?
Пусть он крепость, пусть и храм,
Въеду на коне на паперть,
Лошадь осажу к дверям.

Не гусляр и не балакирь,
Лошадь взвил я на дыбы,
Чтоб тебя, военный лагерь,
Увидать с высот судьбы.

И, едва поводья тронув,
Порываюсь наугад
В широту твоих прогонов,
Что еще во тьме лежат.

Как гроза, в пути объемля
Жизнь и случай, смерть и страсть,
Ты пройдешь умы и земли,
Чтоб преданьем в вечность впасть.

4.

Zeiten. Er steht auf. Gelati.
Fackeln brennen, neu entfacht …
Wer nur führte die Parade
Spitzer Mützen ins Gemach?

Neue Zeiten. Andre. Morgen
Werden sie entstehn. Er raunt
In die jetzt noch straffen Ohren
Sehr verhalten, wie im Traum.

Nein, mein Leben bleibt nicht Skizze.
Schluck es – wenn du willst, erstick!
Denn die Zeit wird immer schützen
Meinen Schriftzug vor Kritik.

Die Epoche ist versiegelt?
Sie mag Tempel sein und Schloss –
Auf dem Hof, am Tor gezügelt
Wird zuletzt mein schnelles Ross.

Nur im Guslispiel versag ich.
Willig bäumt sich auf mein Pferd.
Dich seh ich, Soldatenlager,
Von des Schicksals Gipfeln her.

Kaum noch nach den Zügeln greifend
Stürze ich ganz unbedacht
In die Weiten dieses Treibens,
Eingehüllt in tiefe Nacht.

Wie Gewitter flugs umfangen
Leben, Zufall, Tod und Leid,
Musst du Hirn und Welt durchwandern,
Wirst ein Teil der Ewigkeit.

Твой поход изменит местность.
Под чугун твоих подков,
Размывая бессловесность,
Хлынут волны языков.

Крыши городов дорогой,
Каждой хижины крыльцо,
Каждый тополь у порога
Будут знать тебя в лицо.

1936

Diese Gegend trägt dein Zeichen.
Deines Hufes Eisenglut
Lässt die Wortlosigkeit weichen:
Ungehemmt strömt Sprachenflut.

Städte, Dächer, jede Stelle,
Jede Hütte, klein und schlicht,
Jede Pappel an der Schwelle
Kennen dich von Angesicht.

1936

Дрозды

На захолустном полустанке
Обеденная тишина.
Безжизненно поют овсянки
В кустарнике у полотна.

Бескрайний, жаркий, как желанье,
Прямой проселочный простор,
Лиловый лес на заднем плане,
Седого облака вихор.

Лесной дорогою деревья
Заигрывают с пристяжной.
По углубленьям на корчевье
Фиалки, снег и перегной.

Наверное, из этих впадин
И пьют дрозды, когда взамен
Раззванивают слухи за день
Огнем и льдом своих колен.

Вот долгий слог, а вот короткий,
Вот жаркий, вот холодный душ.
Вот что выделывают глоткой,
Луженной лоском этих луж.

У них на кочках свой поселок,
Подглядыванье из-за штор,
Шушуканье в углах светелок
И целодневный таратор.

Drosseln

Die Bahnstation liegt auf dem Lande,
Am Mittag ist es völlig still.
Der Hänfling singt im Strauch am Bahndamm
Fast ohne Leben und Gefühl.

Und endlos, heiß wie Leidenschaften,
Ist diese Weite – schlicht und klar;
Den violetten Wald kaum achtend
Erscheint Gewölk mit grauem Haar.

Die Bäume spielen oft ein Weilchen
Am Waldweg mit dem Kutschenpferd.
Versteckt im Wurzelwerk blühn Veilchen,
Von Humus und von Schnee beschwert.

Ich glaube, auch die Drosseln trinken
Aus diesen Senken; jede weiß
Ein anderes Gerücht zu singen –
Motive wie aus Glut und Eis.

Bald lange Silben und bald kurze,
Wie eine Dusche, heiß und kalt,
Hörst du aus ihrer Kehle purzeln,
Die wie das Zinn der Pfütze strahlt.

An Erdhügeln sind ihre Nester:
Ein scheuer Blick, geschützt vom Store,
In allen Winkeln frohes Lästern,
Tagein, tagaus – ein ganzer Chor.

По их распахнутым покоям
Загадки в гласности снуют.
У них часы с дремучим боем,
Им ветви четверти поют.

Таков притон дроздов тенистый.
Они в неубранном бору
Живут, как жить должны артисты.
Я тоже с них пример беру.

1941

Sie wohnen stets in offnen Räumen
Und widmen sich dem Rätselspaß;
Der Schlag der Uhren scheint zu träumen,
Die Viertelstunden schlägt ein Ast.

Von Schatten ist ihr Heim umgeben,
Im Wald, wo niemand Ordnung hält;
So fristen sie ihr Künstlerleben:
Als Vorbild hab ich sie gewählt.

1941

Иней

Глухая пора листопада.
Последних гусей косяки.
Расстраиваться не надо:
У страха глаза велики.

Пусть ветер, рябину занянчив,
Пугает ее перед сном.
Порядок творенья обманчив,
Как сказка с хорошим концом.

Ты завтра очнешься от спячки
И, выйдя на зимнюю гладь,
Опять за углом водокачки
Как вкопанный будешь стоять.

Опять эти белые мухи,
И крыши, и святочный дед,
И трубы, и лес лопоухий
Шутом маскарадным одет.

Всё обледенело с размаху
В папахе до самых бровей
И крадущейся росомахой
Подсматривает с ветвей.

Ты дальше идешь с недоверьем.
Тропинка ныряет в овраг.
Здесь инея сводчатый терем,
Решетчатый тес на дверях.

Raureif

Das Laub fällt an trostlosen Tagen …
Dort fliegt noch ein Wildgänseschwarm.
Es gibt keinen Grund zu verzagen;
Sehr groß sind die Augen der Angst!

Der Wind will die Esche sanft wiegen,
Doch bebt sie erschreckt, bis sie ruht;
Die Ordnung der Schöpfung kann trügen,
Das Ende des Märchens scheint gut.

Vom Schlaf wachst du auf eines Morgens,
Betrittst das weiß schimmernde Land,
Hältst inne, vom Pumpwerk verborgen,
Bist regungslos, gleichsam gebannt:

Von Neuem die schneeigen Falter,
Die Dächer und bald – Nikolaus;
Kamine und Kletten des Waldes
Sehn scherzhaft maskiert heute aus.

Wie kraftvoll ist alles gefroren!
Zum Aug reicht die Pelzmütze fast:
Ein Vielfraß scheint still und verloren
Hernieder zu lugen vom Ast.

Du gehst – dein Vertrauen wird schwächer –
Den Pfad, der in Abgründe führt.
Der Raureif erbaut sich Gemächer
Und Tore, ganz fein ziseliert.

За снежной густой занавеской
Какой-то сторожки стена,
Дорога, и край перелеска,
И новая чаща видна.

Торжественное затишье,
Оправленное в резьбу,
Похоже на четверостишье
О спящей царевне в гробу.

И белому мертвому царству,
Бросавшему мысленно в дрожь,
Я тихо шепчу: «Благодарствуй,
Ты больше, чем просят, даешь».

1941

Die schneeigen Vorhänge wehen,
Das Häuschen erkenne ich kaum.
Ein Weg ist am Waldrand zu sehen,
Dahinter erneut Baum um Baum.

Welch Stille, so festlich verweilend,
So kunstvoll mit Schnitzwerk bedacht!
Sie gleicht dem Gedicht aus vier Zeilen:
Schneewittchen im Sarg, unerwacht.

Ein Königreich, leblos und eisig –
Mich schaudert, mein Geist ist beengt …
Und dennoch: «Hab Dank», sag ich leise,
«Du hast uns so maßlos beschenkt.»

1941

Anmerkungen zu den Gedichten

Надпись на книге Петрарки (Inschrift im Buch von Petrarca):

> Pasternak schrieb dieses Henrietta Petrowna Lunz gewidmete Gedicht eigenhändig in eine 1904 erschienene Ausgabe der *Sonette und Kanzonen* von Francesco Petrarca (1304–1374). Es gehört zu keinem Zyklus.

Душа (Seele):

> Tarakanowa, Jelisaweta (ca. 1745–1775): In Paris gab sie sich als Angehörige des Zarenhofes aus und erhob Ansprüche auf den russischen Thron. Nach ihrer Festnahme in Italien wurde sie an Russland ausgeliefert, wo sie 1775 in Haft starb.
>
> Ravelin (frz.): im Mittelalter zur Burgverteidigung verwendete «Halbmondschanze».

Памяти Демона (Dem Dämon zum Gedenken):

> Tamara: weibliche Hauptfigur von Michail Lermontows (1814–1841) Verserzählung *Demon (Der Dämon)*.
>
> Surná: georgisches Musikinstrument, ähnlich einem Dudelsack.

Про эти стихи (Über diese Verse):

> Darjal: Schlucht, auch das «Tor zum Kaukasus» genannt. 1837 fertigte Lermontow eine Zeichnung dieser Schlucht an.

Тема с вариациями (Thema mit Variationen):

Das Motto ist dem 1845 entstandenen Gedicht *Gerojam našego vremeni (Den Helden unserer Zeit)* von Apollon Grigorjew (1822–1864) entnommen.

Тема (Thema):

Hamiten: Volksstamm in Nordafrika.

Psammetich (663–610 v. Chr.): Pharao, der Ägypten einte und von der assyrischen Fremdherrschaft befreite.

1. Оригинальная (1. Original):

Trabzon: türkische Hafenstadt.

Kaffern: Bantustamm in Südafrika.

2. Подражательная (2. Nachahmung):

Die ersten beiden Verse sind ein Zitat aus Alexander Puschkins (1799–1837) Verserzählung *Mednyj vsadnik (Der eherne Reiter).*

3.:

Urspr. Titel: *Makrokosmičeskaja (Makrokosmische).*

Prorok (Der Prophet): Ein 1826 entstandenes Gedicht Puschkins, das als Höhepunkt des «Orientalischen Stils» («Vostočnyj stil'») in der russischen Romantik gilt.

4.:

Urspr. Titel: *Četvertaja, dramatičeskaja (Vierte, Dramatische).*

Aleko, Semfira: Figuren aus Puschkins Verserzählung *Cygany (Die Zigeuner).*

5.:

Urspr. Titel: *Pjataja, patetičeskaja (Fünfte, Pathetische)*.

Schabo: südrussische Stadt in der Nähe von Akkerman, zu Puschkins Zeit kaum mehr als ein Dorf.

Kagul: Festung unweit von Schabo.

Otschakow: Stadt am Dnjepr, Luftkurort.

Puschkin besuchte diese Orte im Dezember 1821.

6.:

Urspr. Titel: *Šestaja, pastoral'naja (Sechste, Pastorale)*.

Поэзия (Dichtung):

Jamskaja: Vorort, heute Stadtteil Moskaus.

Schewardino: Dorf, das vom russischen Heer zwei Tage vor der Schlacht von Borodino (26.8./7.9.1812) verteidigt wurde.

Красавица моя, вся стать (Du Schöne, nicht nur die Gestalt):

Polyklet (4. Jh. v. Chr.): altgriechischer Architekt und Bildhauer.

Художник (Der Künstler):

4.:

Gelati: Kloster im Westen Georgiens.

Gusli: russisches Saiteninstrument.

Nachwort

Boris Pasternak (1890–1960) stammte aus einer der berühmtesten Künstlerfamilien Moskaus. Sein Vater Leonid war ein einflussreicher Maler und Grafiker, der persönlichen Umgang mit Lew Tolstoi, Alexander Blok, Rainer Maria Rilke und Alexander Skrjabin hatte. Die Mutter feierte Erfolge als Konzertpianistin. In einem Brief aus dem Jahr 1927 erinnerte sich Pasternak an seine glückliche Kindheit: «Ich bin der Sohn eines Künstlers, ich habe seit meiner Geburt Kunst und wichtige Menschen beobachtet, und ich habe mich daran gewöhnt, das Erhabene und das Außerordentliche als etwas Natürliches, als eine Konstante im Leben zu sehen.»[1]

Der junge Pasternak wollte zunächst eine Musikerlaufbahn einschlagen. Er gab dieses Lebensprojekt jedoch bald auf, weil er über kein absolutes Gehör verfügte und damit seinen eigenen hohen Anforderungen nicht genügte. Als Nächstes wandte sich Pasternak dem Philosophiestudium zu, das ihn 1912 nach Marburg führte. Dort besuchte er Seminare bei den Neukantianern Hermann Cohen und Nicolai Hartmann. Allerdings erschien ihm auch die Philosophie nicht als beruflicher Lebensinhalt geeignet. Im Roman *Doktor Schiwago* formuliert Lara, die von Pasternak als Inkarnation des unmittelbaren Lebensprinzips entworfen wurde, eine tief greifende Skepsis gegenüber der Philosophie: «Meiner Meinung nach sollte Philosophie dem Leben und der Kunst als Gewürz beigegeben werden. Wer sich ausschließlich mit Philosophie beschäftigt, kommt mir vor wie ein Mensch, der nur

[1] Evgenij Pasternak: «Čudo poėtičeskogo voploščenija». In: Voprosy literatury 9 (1972), 163.

Meerrettich isst.»[2] Sein dichterisches Debüt gab Pasternak im Jahr 1913. Den Titel des Lyrikbandes «Der Zwilling in den Wolken» verwarf er später als «törichte Anmaßung»: «Damit ahmte ich jene kosmologischen Superklugheiten nach, durch die sich die Buchtitel der Symbolisten und die Namen ihrer Verlagshäuser auszeichneten.»[3]

Pasternaks frühe Lyrik weist deutliche Affinitäten zu den modernistischen Strömungen seiner Zeit auf. Dabei ist es allerdings schwierig, Pasternak eindeutig einer der rivalisierenden Gruppen zuzuordnen. Bereits 1908 hatte Pasternak an symbolistischen Künstlertreffen teilgenommen. Besonders interessierten ihn Andrej Belyjs Experimente mit Versrhythmen. Allerdings beharrte Pasternak auf der engen Verbindung zwischen Laut und Bedeutung, während die Wortmusik für Belyj ein rein akustisches Phänomen darstellte. Aus dem Kontakt mit Belyj erklärt sich aber Pasternaks intensives Interesse für dreihebige Versfüße.[4]

Als Mitglied der Gruppe «Zentrifuga» stand Pasternak auch den Futuristen nahe.[5] Mit dem führenden und lautstärksten Futuristen Vladimir Majakowski verbindet Pasternak die Aufmerksamkeit für den Reim. Es ist bekannt, dass Pasternak oft zuerst die Reime eines Gedichts zusammenstellte und erst in einem zweiten Schritt die einzelnen

[2]   Boris Pasternak: Doktor Živago. Milano 1957, 232.
[3]   Boris Pasternak: Über mich selbst. Versuch einer Autobiographie. Frankfurt am Main 1959, 58.
[4]   Larissa Rudova: Understanding Boris Pasternak. Columbia (SC) 1997, 9.
[5]   Olga R. Hughes: The Poetic World of Boris Pasternak. Princeton 1974, 42–56.

Zeilen inhaltlich ausführte.[6] Pasternak setzte sehr oft unreine, aber immer originelle Reime ein. In der späten Lyrik nimmt allerdings die Zahl der unreinen Reime deutlich ab.[7] Majakowski wurde zu einem wichtigen Bezugspunkt für Pasternak – zunächst als Vorbild, später als Kontrast. Pasternak empfand gegenüber Majakowski eine regelrechte «anxiety of influence» (Harold Bloom):

> Als ich Majakowski genauer kennenlernte, entdeckten wir zwischen uns eine unerwartete Übereinstimmung im Technischen, eine Ähnlichkeit in der Konstruktion der Bilder und Reime. Ich liebte die Schönheit und Sicherheit seiner Bewegungen. Besseres konnte ich mir nicht wünschen. Um ihn nicht zu wiederholen und nicht als sein Epigone zu erscheinen, suchte ich bei mir alles zu unterdrücken, was an ihn erinnerte: den heroischen Ton, der in meinem Fall unangebracht war, und alle gesuchten Effekte. Das hat meine Art zu schreiben gestrafft und gereinigt.[8]

Die Lautgestalt von Pasternaks Lyrik ist stark konsonantisch geprägt. Einzelne Gedichtzeilen gleichen Zungenbrechern: «Otrostki livnja grjaznut v grozdjach» oder «Steklo strekoz snovalo po ščekam».[9] Bisweilen zieht sich eine Lautkombination als musikalisches Leitmotiv durch ein ganzes Gedicht. Ein überzeugendes Beispiel bietet das

---

[6] Victor Terras: Poetry of the Silver Age. The Various Voices of Russian Modernism. Dresden, München 1998, 270.

[7] Michail Gasparov: Rifma i žanr v stichach Pasternaka. In: Pasternakovskie čtenija. Vypusk 2. Moskva 1998, 63–70.

[8] Pasternak, Über mich selbst, 73f.

[9] Terras, Poetry, 271.

Gedicht «Im Februar gilt: Tinte weinen», das wie eine Fuge aufgebaut ist: Pasternak geht von einem Wortstamm aus und errichtet darauf eine Art phonetische Deklination. So konstruiert Pasternak etwa aus den Wörtern «gruši», «gračej» und «grust'» ein semantisches Paradigma oder er formt musikalische Lautketten, in denen jeweils ein Kombinationselement verändert wird: «liven' sličila černila».[10] In einem späten Gedicht («Za povorotom») ahmt Pasternak den Gesang eines Vogels sprachlich nach:

Nastoroživšis', načeku	Auf der Hut, wachsam,
U vchoda v čašču,	Am Eingang ins Dickicht,
Ščebečet ptička na suku,	Zwitschert ein Vöglein auf dem Ast,
Legko, manjašče.	Leicht und lockend.[11]

Diese lautliche Profilierung bestimmt Pasternaks künstlerischen Ausdruck in starkem Maß. Jurij Tynjanow hat das Wort in Pasternaks Dichtung nachgerade ein «fast mit Händen zu greifendes poetisches Objekt» genannt.[12]

Auch in der Lexik beschreitet Pasternak neue Wege. Er bildet Neologismen, ungewöhnliche Komposita und verwendet einzelne Wörter, die nur in bestimmten Wendungen vorkommen («ne vidno ni zgi»), als autonome Lexeme. Im poetologischen Gedicht «Dichtung» erschafft Pasternak durch die bewusste Verwischung der traditio-

---

[10] Dale Plank: Pasternak's Lyric. A Study of Sound and Imagery. The Hague 1966, 64ff.

[11] Christine Fischer: Musik und Dichtung. Das musikalische Element in der Lyrik Pasternaks. München 1998, 99. (Slavistische Beiträge 359).

[12] Jurij Tynjanov: Promežutok. In: Ders.: Archaisty i novatory. Leningrad 1929, 541–580, 573.

nellen Wortgrenzen neue Wörter, die sich als eine zweite Schicht über den unmittelbaren lexikalischen Sinn legen. In der Zeile «Ty – dušnaja, kak maj, Jamskaja» können die Silben «maj» und «ja» zusammen gelesen werden und ergeben ein neues Wort.[13]

Roman Jakobson hat darauf hingewiesen, dass Pasternaks Dichtung sich im Wesentlichen auf die Metonymie stütze. Das uneigentliche Sprechen, die Verschiebung von Bedeutungen lässt sich in verschiedenen Bereichen beobachten: Die beobachtete Wirklichkeit spiegelt die emotionale Befindlichkeit des Beobachters, die Handlung rückt anstelle des Handelnden in den Blick, sogar die erste Person des lyrischen Ich wird durch die dritte Person ersetzt.[14] Die Individualität des Dichters erschafft sich im lyrischen Text eine künstlerische Welt, in der Objekt und Subjekt ununterscheidbar werden. Für Pasternak ist das Leben erst wirklich und erfahrbar, wenn es auch sagbar ist. Dies ist der tiefere Sinn des Titels eines wichtigen Gedichtbands: «Meine Schwester – das Leben». Pasternak versucht mit seiner Wortkunst ein intimes Verhältnis zum Leben selbst zu finden. Noch die Grundkonzeption des Romans *Doktor Schiwago* lässt sich als Ausgestaltung dieses Motivs deuten: Der Arzt und Dichter Schiwago trifft auf seinem komplizierten Weg immer wieder auf Lara, von der ihm neue Lebenskräfte zufließen. Schreiben ist Heilen und damit immer auf fast körperliche Weise dem Leben zugewandt.

---

[13] Krystyna Pomorska: Themes and Variations in Pasternak's Poetics. Leuven 1975, 10.

[14] Roman Jakobson: Randbemerkungen zur Prosa des Dichters Pasternak. In: Ders.: Poetik. Ausgewählte Aufsätze 1921–1971. Frankfurt am Main 1979, 192–211, 200f.

Möglicherweise hat diese Verwurzelung im Leben auch zu Pasternaks Scheitern an der politischen Realität beigetragen. Während die Eltern und Schwestern bereits 1921 Sowjetrussland verlassen hatten, lebte Boris Pasternak weiter in Moskau und verbrachte dort die schlimmsten Jahre des Stalinterrors. Dass man Pasternak in dieser «unvegetarischen Zeit» (Anna Achmatowa) unbehelligt ließ, kann nur damit erklärt werden, dass Stalin seine schützende Hand über den Dichter hielt – Pasternak seinerseits blieb in einer fast kindlichen Naivität blind gegenüber der totalitären Herrschaft mit ihren blutigen Folgen. Er legte sogar eine eigentümliche Faszination für den mächtigen Diktator an den Tag: Die ersten Stalin-Oden in der sowjetischen Literatur stammen aus Pasternaks Feder. Auch ein kollektives Beileidstelegramm sowjetischer Schriftsteller an Stalin, dessen Frau Svetlana Allilujewa im November 1932 vermutlich Selbstmord begangen hatte, enthielt ein separates Postskriptum, in dem Pasternak in einer mysteriösen Formulierung darauf hinwies, dass er am Tag von Allilujewas Tod «zum ersten Mal als Dichter über Stalin» nachgedacht habe.[15] Solche Äußerungen dürfen jedoch nicht als Ausdruck von Opportunismus verstanden werden: Als Stalin 1935 Majakowski zum wichtigsten Sowjetdichter erklärte, reagierte Pasternak mit Erleichterung und schickte dem Tyrannen sogar einen Dankesbrief. Auch Pasternaks Verhalten während der Schauprozesse der dreißiger Jahre war höchst widersprüchlich: Er unterzeichnete zwar zwei offene Briefe, in denen Exponenten des Schriftstellervereins die Erschießung von Sinowjew, Kamenew, Radek und Pjatakow forderten, nicht aber eine ähnliche

---

[15] Lazar Fleishman: Boris Pasternak. The Poet and His Politics. Cambridge, Mass., London 1990, 171.

Petition, die während des Prozesses im Juni 1937 gegen die sowjetische Armeespitze fabriziert wurde. Isaiah Berlin, der den Dichter im Herbst 1945 in Moskau traf, gab Pasternaks Position in seinen Memoiren mit deutlichem Befremden wieder: «Der finstere Alptraum von Verrat, Säuberungen, Massakern an Unschuldigen, gefolgt von einem schändlichen Krieg erschien ihm als notwendiges Vorspiel zu einem sicheren und unerhörten Sieg des Geistes.»[16]

Die Jahre des Stalinterrors waren auch in Pasternaks Privatleben schwierig. Im Januar 1931 verließ Pasternak seine Frau und den siebenjährigen Sohn, um mit der Frau eines befreundeten Pianisten zusammenzuleben. Allerdings erklärte er in einem Brief den Ehebruch und die neue Liebe nicht als persönliche Entscheidung, sondern als schicksalhafte Notwendigkeit. Trotz solcher Selbstüberzeugungsversuche kam es wenig später zur Katastrophe. In einem Brief vom 1. August 1931 hatte Pasternak, im tiefen Schuldbewusstsein, zwei Familien – die eigene und die des Freundes – zerstört zu haben, den eigenen Tod als «erst einmal schlimme, doch dann für alle glückliche Lösung»[17] in Erwägung gezogen. Im Januar 1932 drang Pasternak spät nachts bei seiner Geliebten ein und trank unvermittelt eine Flasche ätzendes Jod leer. Ein sofort herbeigerufener Arzt konnte Pasternak zwar retten, der tragische Vorfall überschattete jedoch die nächsten Jahre.[18]

[16] Isaiah Berlin: Personal Impressions. London 1980, 200.
[17] Boris Pasternak: Eine Brücke aus Papier. Die Familienkorrespondenz 1921–1960. Frankfurt am Main 2000, 253.
[18] Christopher Barnes: Boris Pasternak. A Literary Biography. Volume 2. 1928–1960. Cambridge, New York, Melbourne 1998, 63.

Pasternak sprach von einer «unglücklichen Vereinbarkeit» seiner Gefühle zu Frau und Geliebter; gleichzeitig blieben ihm die seelischen Wunden, für die er verantwortlich war, nicht verborgen. Der Dichter verfiel in eine tiefe Depression, die sich in Apathie, Schlaflosigkeit und Kopfschmerzen äußerten. Am meisten quälte Pasternak die damit verbundene schöpferische Krise. Pasternaks Lage komplizierte sich weiter durch die Stalinisierung der Sowjetliteratur. Auf dem ersten Schriftstellerkongress war 1934 der russischen Literatur das Stilideal des Sozialistischen Realismus verordnet worden. Pasternak konnte und wollte sich den Anforderungen seiner Zeit nicht entziehen. Am 25. Dezember 1934 schrieb er an seine Eltern: «Ich bin zu einem Teilchen meiner Zeit und meines Staates geworden und seine Interessen zu den meinen.»[19] Gleichzeitig erkannte Pasternak aber sehr deutlich, dass seine eigene Poesie nicht ohne Weiteres auf den neuen Weg zu zwingen war. Selbstkritisch deklarierte er deshalb auf einem Plenum des Schriftstellerverbandes im Jahr 1936, dass er in der nächsten Zeit gezwungen sein werde, «schlecht zu schreiben wie ein Schuster».[20] Pasternak wich in dieser schwierigen Zeit auf das Gebiet der Übersetzung aus und übertrug u. a. Shakespeare und Goethe ins Russische.

Erst nach Stalins Tod schien der Weg frei für eine neue Schreibkultur, die nicht mehr «positive Helden» mit kantigen Kinnladen im Kampf gegen blatternarbige «Schädlinge» zeigen musste. Vom veränderten politischen Klima profitierten zunächst zwei Romane: Wladimir Dudinzews

---

[19] Boris Pasternak: Eine Brücke aus Papier, 329.

[20] Boris Pasternak: O skromnosti i smelosti. In: Ders.: Stichi 1936–1959. Stichi dlja detej. Stichi 1912–1957, ne sobrannye v knigi avtora. Stat'i i vystuplenija. Ann Arbor 1961, 218–226, 222.

Der Mensch lebt nicht vom Brot allein und Ilja Ehrenburgs *Tauwetter*. Als Pasternak das Manuskript von *Doktor Schiwago* zu Beginn des Jahres 1956 bei der wichtigsten Literaturzeitschrift «Novyj Mir» einreichte, konnte er deshalb damit rechnen, dass sein Werk nicht mehr an den simplen Maßstäben des sozialistischen Realismus gemessen würde. Allerdings herrschte bereits erneut die Angst, man habe die Zügel zu locker gelassen: Das Redaktionskomitee lehnte den Roman ab, weil er die Oktoberrevolution und den Sozialismus nur als «grausames und sinnloses Chaos» darstelle. Pasternak hatte jedoch seinen Roman mittlerweile dem kommunistischen Mailänder Verleger Feltrinelli zukommen lassen, der sich begeistert über *Doktor Schiwago* äußerte und sofort eine italienische Übersetzung in Auftrag gab. In Moskau wollte man das Erscheinen des Romans natürlich mit allen Mitteln hintertreiben. Zunächst setzte man Pasternak unter Druck und zwang ihn dazu, in vorformulierten Telegrammen die «unfertige Fassung» des Romans von Feltrinelli zurückzufordern. Nachdem diese Strategie erfolglos geblieben war, hoffte man auf die Parteidisziplin: Der polternde Auftritt des Sowjetemissärs Surkow in Mailand führte allerdings nur dazu, dass die italienische KP mit Feltrinelli einen ihrer großzügigsten Sponsoren verlor. Auf Pasternaks Telegramme angesprochen, erwiderte Feltrinelli, er wisse, wie solche Briefe gemacht würden. Schließlich erreichte auch die sowjetische Autorenrechtsagentur mit ihren juristischen Drohungen nichts: Ende 1957 erschien *Doktor Schiwago* in Mailand und wurde sofort zu einem Welterfolg mit Übersetzungen in 27 Sprachen. Damit hätte die Affäre um *Doktor Schiwago* wohl ein Ende gehabt, wenn nicht die Stockholmer Akademie – vor allem aufgrund des Vorschlags von Albert Camus – Pasternak im Oktober 1958 den Nobelpreis verliehen hätte. Bereits im Frühjahr war im Zusammenhang mit dem Nobelpreis gerüchteweise immer wieder der Name Pasternaks gefallen. Als Gegenmaßnahme organisierte die Kulturabteilung des ZK auf Anregung des Schriftstellerverbands eine Pressekampagne zugunsten des linientreuen Michail Scholochow. Außerdem erhielt die sowjetische Botschaft in Stockholm Anweisung, Pasternak bei schwedischen Kulturschaffenden in Misskredit zu bringen. Als Mitte Oktober die Auszeichnung Pasternaks immer wahrscheinlicher wurde, erwog man im ZK sogar die Drucklegung von *Doktor Schiwago* mit einer kleinen Auflage, um der «antisowjetischen Propaganda im Westen» keine zusätzliche Nahrung zu geben. Nach der Bekanntgabe des Gewinners entschloss man sich jedoch zu einem aggressiveren Vorgehen: Man deklarierte die Verleihung des Nobelpreises als feindseligen politischen Akt, entzog Pasternak die Mitgliedschaft im Schriftstellerverband, legte ihm den Verzicht auf die Auszeichnung nahe und organisierte eine Hetzkampagne in der sowjetischen Presse. Das ZK ließ sich aus Umfragen über die offiziöse Diskreditierung Pasternaks informieren. Die eingeforderten Berichte enthalten groteske Urteile von Werktätigen, deren servile Ignoranz sich selbst entlarvt: «Wir haben Pasternaks Roman nicht gelesen, aber die Führung des Schriftstellerverbands kennt ihn und hat den Verräter Pasternak zu Recht ausgeschlossen.»[21]

Die groben Anfeindungen der Behörden stellten für Pasternak eine schwere Belastung dar, die ihn erneut an den Rand des Selbstmordes brachte. Der Verzicht auf den

---

[21] «A za mnoju šum pogoni». Boris Pasternak i vlast'. Dokumenty 1956–1972. Moskva 2001.

Nobelpreis hatte die gehässigen Stimmen in der Sowjetpresse nicht zum Verstummen gebracht. Auch der Weg in die Emigration war verschlossen. Man hatte Pasternak zwar deutlich zu verstehen gegeben, dass man ihm «die Vorzüge des kapitalistischen Paradieses» nicht vorenthalten wolle. Pasternak befand sich jedoch in einer schwierigen privaten Situation: 1946 hatte er seine letzte Liebe Olga Iwinskaja getroffen. 1949 wurde sie schwanger verhaftet, im Gefängnis erlitt sie eine Fehlgeburt. Danach verbrachte sie vier Jahre in einer Arbeitskolonie – Pasternak fühlte sich für diese Tragödie verantwortlich. In der Gestalt der Lara setzte er Olga ein literarisches Denkmal.[22] Wenn Pasternak aus Russland ausgereist wäre, hätte er entweder seine Familie oder die Geliebte Olga Iwinskaja zurücklassen müssen. Außerdem fühlte er sich in seiner Heimat so sehr verwurzelt, dass – nach seinen eigenen Worten – ein Exil dem physischen Tod gleichkäme. Am 27. Februar 1959 beriet man im ZK über eine Ausweisung, verwarf dann aber dieses rigorose Vorgehen. Es ist allerdings wahrscheinlich, dass die Affäre um *Doktor Schiwago* Pasternak letztlich das Leben gekostet hat: Am 30. Mai 1960 verstarb er an den Folgen eines Lungenkarzinoms, das sich eineinhalb Jahre zuvor gebildet hatte. Noch im Tod gönnten die Behörden dem berühmten Schriftsteller keinen Frieden: Die Todesmeldung war der «Literaturnaja gaseta» mit dreitägiger Verspätung einen einzigen Satz auf der letzten Seite wert; Ort und Zeit der Beerdigung wurden nirgends publiziert. Trotzdem fanden sich über zweitausend Trauergäste ein, die dem Dichter das letzte Geleit gaben. Die postume Rache der Sowjetregierung an Pasternak

---

[22] Renate Schweitzer: Freundschaft mit Pasternak. Ein Briefwechsel. Wien, München, Basel 1963, 43.

beschränkte sich jedoch nicht nur auf Geringschätzung: Noch im Todesjahr des Dichters verhaftete man seine Geliebte Olga Iwinskaja und verurteilte sie zu acht Jahren Gefängnis; außerdem hielt man die beträchtlichen Autorenhonorare in der Höhe von mehreren hunderttausend Dollar zurück, die Pasternaks Erben aus dem Erfolg von *Doktor Schiwago* zustanden. Erst 1988 konnte *Doktor Schiwago* in Russland erscheinen; im selben Jahr wurde auch Olga Iwinskaja rehabilitiert – «wegen Nichtvorhandenseins eines Straftatbestandes».

In der Sowjetunion wurden bereits 1961 und 1965 Boris Pasternaks Gedichte wieder publiziert – allerdings unter vollständiger Tabuisierung der «Schiwago-Affäre». Während die Ausgabe von 1961 konsequent auf jeden Kommentar verzichtete, erklärten die Herausgeber vier Jahre später in einer Vorbemerkung, dass Pasternak «kein aktiver Kämpfer für den Sozialismus» gewesen sei und «das Wesen und den Sinn des historischen Prozesses nicht vollständig» erfasst habe.[23]

Erst am Ende der Perestrojka wurde Pasternak die ihm gebührende Aufmerksamkeit zuteil: Seine Werke kehrten in Millionenauflagen zu den Lesern zurück, und seine Lyrik gehört heute zum innersten Kern der russischen Literaturgeschichte.

Ulrich Schmid

[23] Boris Pasternak: Stichotvorenija i poèmy. Moskva, Leningrad 1965, 6.